접경의 기억

초국가적 기억의 장소를 찾아서

접경인문학문고 001

접경의 기억 초국가적 기억의 장소를 찾아서

초판인쇄 2020년 5월 15일

초판발행 2020년 5월 25일

기획 중앙대·한국외대 HK⁺〈접경인문학〉연구단

지은이 차용구·에드 풀포드·이춘복·정주아·이유정

펴낸이 박성모

펴낸곳 소명출판

출판등록 제13-522호

주소 서울시 서초구 서초중앙로6길 15, 1층

전화 02-585-7840

팩스 02-585-7848

전자우편 somyungbooks@daum.net

홈페이지 www.somyong.co.kr

값 8,000원 ⓒ 중앙대·한국외대 HK⁺〈접경인문학〉연구단

ISBN 979-11-5905-520-1 03900

이 저서는 2017년 대한민국 교육부와 한국연구재단의 지원을 받아 수행된 연구임.
(NRF-2017S1A6A3A03079318)

접경인문학문고 001

접경의 기억

초 국 가 적 기 억 의 장 소 를 찾 아 서

THE MEMORY OF THE BORDERS
SEARCHING FOR THE TRANSNATIONAL LIEUX DE MÉMOIRE

중앙대·한국외대 HK+〈접경인문학〉 연구단 **기획**
차용구·에드 풀포드·이춘복·정주아·이유정 **지음**

소명출판

이 책은 접경이 갖는 공간성에 주목한다. 접경은 서로 맞닿은 지역들의 경계를 의미하며, 일반적으로 공간을 단절시키고 시간을 굴절시키고 인간을 나누는 개념으로 이해되고 있다. 국가와 국가의 경계를 의미하는 국경은 접경의 한 형태이다. 특히 근대 국민국가는 영토 내의 시간과 공간과 인간을 균질적으로 연결하려는 '상상의 공동체'를 추구한다. 따라서 국민국가의 경계인 국경은 통치권력의 힘이 가장 강력하게 작동하는 공간이고, 국민 통합의 역사로서의 일국사의 시간이 가장 철저하게 적용되는 공간이자, 인간의 이동이 가장 체계적으로 관리되는 공간이다. 국민국가들 사이의 총동원 전쟁은 특히 국경 통제의 강화를 수반한다. 예를 들면 국제 여행에 여권 지참이 불필요했던 1914년 이전의 유럽과 대조적으로, 제1차 세계대전 이후의 유럽 국민국가들은 국경 통과 시 여권 지참과 사증 발급 등을 의무화하게 된다. 국민국가들의 형성과 국경 통제 체제의 공고화 속에서 국경은 분리와 대립, 갈등을 상징하는 공간으로 인식되어 왔다.

하지만 모든 국경이 하나의 모습은 아니다. 남한은 북으로의 통로는 차단되어 있지만, 중국-한국 및 일본-한국 간의 경계는 이질적인 사람들이 교류하며 문화가 섞이는 통로 역할을 하기도 한다. 한편, 북한도 남으로의 통로가 단절된 반면, 중국-북한 및 러시아-북한 간의 경계는 상호교류하며 소통하는 가교의 역할을 하고 있다. 접경에 잇닿아 있는 공간인 접경 지역은 이와 같이 지정학적 차이와 비균질적인 사회 조건 속에서 다양한 모습을 띠며 기능하고 있다. 또한 시대에 따라서도 그 위치와 성격, 기능은 다양했으며, 경계를 맞댐으로써 생기는 접경공간은 비단 국경에 한정된 것도 아니다. 하지만, 국민국가의 경계들은 일원적으로 제도화된 역사의 힘이 강력하게 작동하면 접경을 둘러싼 다양한 기억이 은폐되고 파괴되기 쉬운 공간이기도 하다.

이에 대해 이 책에서는 접경이라는 특정한 공간을 매개로 구축된 집단 기억뿐만 아니라 집단 기억으로 수렴되지 않는 다양한 개별 기억에 주목하여 접경공간의 다양한 모습을 드러내고자 한다. 물론 이것은 접경 연구의 방법으로 프랑스의 역사학자 피에르 노라Pierre Nora가 기획한 저서를 통해 개념화된 '기억의 장소lieu de mémoire' 연구를 염두에 둔 시도이다. 하지만, 사회공동체에서 공유되는 기억의 거처를 의미하는 이 개념은, 노라가 지적했듯이, 공식적인 '국민의 집단 기억'과 수많은 사적 기억들이 병존하는 것이 아니라 '국민의 기억'이 지속적으로 확대되어 다양한 사적 기억들을 잠식하며 내적인 일관성이 도모되는 장소를 의미하기도 한다. 그 과정에서 기억의 장소들은 '만들어진 전통'이 되기도 하는 것이다. '기억의 장소'로서의 접경의 기억도 마찬가지이다.

차용구는 13세기에 독일과 폴란드의 접경 지역인 마이센의 나움부르크 성당에 세워진 두 여성 조각상이 초국가적이고 쌍방향적인 기억을 소거당한 채 19, 20세기에 독일의 민족주의적인 기억의 장소로 구축되는 과정을 밝히고 있다. 에드 풀포드의 하산호/장고봉전투에 대한 사례연구도 접경 지역의 다양하고 상이한 복수의 기억들이 국민의 기억으로 전유되는 과정을 잘 보여준다. 현재의 중국, 러시아, 북한의 접경지대에서 1930년대 말에 소련과 일본제국이 벌인 이 전투는 동북아시아 공통의 기억을 담고 있는 장소임에도 불구하고 각국에서 국가적 목적에 맞춰 기념되고 재평가되고 있는 것이다. 이춘복은 중국 당대 돌궐의 침입을 막기 위해 오르도스 지역에 건립되었던 삼수항성이 한족 왕조인 명대에 이민족으로부터의 오르도스 수복이라는 정치적 구호에 맞춰 선택적으로 기억이 소환된 사례를 소개하고 있다.

이러한 사례들은 접경의 기억 혹은 망각이 민족, 국가, 계급, 젠더 등을 둘러싼 정치적 갈등 속에서 사회적으로 재구성되고 있음을 드러내고 있다. 따라서 우리는 '국민의 기억'이 아닌, 접경 지역을 생활터전으로 하는 사람들의 기억이나 접경을 가로질러 이주하는 사람들의 다양한 기억을 발굴하고자 한다. 그들은 민족적으로, 사회적으로, 성적으로 주변화되었고, 그 주변성으로 인해 지금까지 제대로 주목받지 못한 존재들이다. 정주아는 일제 강점기에 임시정부에 합류하기 위해 한반도의 접경을 가로질러 중국 땅으로 넘어갔던 여성들의 목소리를 담는다. 낯선 땅을 기약 없이 전전해야 했던 임시정부라는 접경공간의 일상을 떠받치며 생존과 생존 이상의 것을 도모했던 그녀들의 이야기는 '민족'과 '남성' 본위인 정사正史의 침묵을 깨는 의미를 물을 것이다. 한편, 낯선 땅의 임시 거주지라는 면에서 이유정이 다루는 미군기지도 접경공간을 형성한다. 막강한 권력 속에서 기지 밖의 위험지대와 분리된 기지라는 안전지대는 그 막강한 권력에도 불구하고 '집'과 같은 일상의 안정을 추구하기 위해 기지 밖의 한국인 여성 대중연예인들을 동원한다. 위험지대에서 안전지대로 접경을 넘나드는 이들의 삶과 기억은 기지내 혹은 한국사회라는 안전지대의 이중성과 폭력성을 드러낸다.

이 책은 '기억의 장소'로서의 접경공간에 주목하여 얽히고설킨 기억이 층층이 쌓인 동서양의 다양한 접경공간을 소개하고 '국민의 기억'으로 결코 수렴되지 않는 다성적이고 초국가적인 접경의 기억을 드러낸다. 이 책이 국경과 국경 사이에 낀 존재들, 국경을 가로지를 수밖에 없었던 존재들, 이러한 접경적인 존재들의 이야기를 초국가적인 시점으로 바라보며 접경공간의 의미를 되묻기 위한 좋은 안내서가 되기를 바란다.

2020년 5월

중앙대·한국외대 HK⁺ 〈접경인문학〉 연구단 총서팀

서양 중세의 국경과 여성을 둘러싼 기억전쟁

마이센의 백작부인 우타와 레글린디스

차용구

피 흘리는 국경선

유럽의 한복판에 위치한 독일은 역사적으로 국경선 분쟁이 끊이지 않았고 그로 인해서 이웃 국가에게 뿌리 깊은 불신과 적대감을 심어주었다. 독일의 수도 베를린에서 남서쪽으로 200km 정도 떨어진 나움부르크Naumburg 시의 중심에는 국경을 둘러싼 오랜 대립과 증오의 상징성을 담고 있는 성당이 하나 놓여 있다. 중세 시대에 세워진 이 건축물은 밤베르크 대성당과 더불어 자연주의를 그 특징으로 하는 독일의 대표적인 고딕 성당으로도 유명하다. 나움부르크 성당의 서쪽 성가대석에 위치한 우타Uta와 레글린디스

Reglinidis 입상立像은 성당을 세운 12명의 설립자 군상의 일부로 1240년경 제작되었지만, 마이센 변경백작Markgraf Meissen 가문의 동서同壻 관계였던 두 여인은 후대에 서로 상이하게 기억되는 동시대의 인물이기도 하다.

그림 1_ 우타 입상(왼쪽)과 레글린디스 입상(오른쪽) (출처 : wikipedia)

유럽의 대표적인 도자기 생산지로도 잘 알려진 마이센은 동쪽으로 폴란드, 남쪽으로 체코와 접하는 국경지대이기도 하다. 특히 독일과 폴란드의 '천년에 걸친 전쟁의 역사'의 원인으로 알려진 이 국경 지역이 '피 흘리는 국경선'으로 불리기도 하는 것처럼, 양국의 첨예한 대립은 19세기와 20세기의 민족주의를 앞세운 역사전쟁을 거치면서 치유하기 어려운 깊은 상흔을 곳곳에 남겨 놓았다.

역사전쟁의 최전선이었던 이 국경에 대한 기존의 연구는 전쟁, 정복, 학살, 선교, 문명화, 이주, 정착과 같은 논의와 함께 국가 팽창론적 관점에서 진행되었다. 엘베Elbe강의 동쪽에서 오데르-나이세강에 이르는 마이센 지역은 '슬라브인의 심장'이라 불릴 정도로 오래 전부터 슬라브인들이 거주하던 장소였으나, 10세기 이후에 동쪽에서부터 진행된 개간사업으로 독일의 역사에 편입된다. 이러한 동부로의 팽창 과정을 19세기 독일 역사가들은 '동유럽 식민지화'로 명명했고 바이마르 시대의 대표적인 역사학자 함페Karl Hampe는 동방 진출을 '중세 독일 민족의 위대한 식민사업'으로 칭송했다.

11세기 초에 마이센 지역에서 생존했던 우타와 레글린디스는 이후 오랜 시간 망각되었다. 이 지역 출신으로 나움부르크에서 학교를 다녔던 니체F. Nietzsche도 이들의 입상에 대해 언급하지 않았고, 1881년에 성당을 방문했던 독일의 서정시인 릴케Rainer Maria Rilke도 성당 안의 제단이나 기증자 상이 아닌 스테인드글라스로 장식된 창과 성당 주변의 묘비명의 글귀만을 언급했을 뿐이라, 그 사회적 무관심의 정도가 분명하게 드러난다. 그런데 이들에 대한 기억이 19세기 후반에 갑자기 의도적으로 소환되면서 당시의 관심에 따라 재구성되고 재생산되기 시작한다.

기억의 소환

이탈리아의 대표적인 지성 중 한 명인 움베르토 에코가 2000년
대 초반에, 서양 예술사의 등장인물 중에서 식사를 함께 하고 싶
은 사람을 꼽으라는 한 기자의 짓궂은 질문에 대해 즉석에서 추천
했던 우타는, 정작 20세기 초반까지만 해도 세간에 잘 알려지지
않은 여성이었다. 그때까지 역사 속에서 간헐적으로 등장했던 우
타 입상이 독립적인 기억의 장소로 승화된 것은 제1차 세계대전
이후 독일의 국수주의적 시대상과 맞물린다. 무엇보다도 1934년
에 히틀러가 정권을 장악하면서 나치 정권은 영웅 숭배와 '예술의
정치화', 추모의식 등 각종 제의적祭儀的인 방법을 통해서 집단 기
억collective memory의 장소를 조성해 부각시켰다. 독일의 작가이자 극
연출가 쉬레어Lothar Schreyer는 1934년의 작품에서 우타를 독일의 아
르테미스로 묘사함으로써 그녀를 '독일 민족성'을 대표하는 인물
로 규정하는 단초를 마련한다. 아르테미스의 처녀성, 숲, 지혜와
같은 신화 속 여신의 속성은 우타에게 있어 정숙하고 냉철한 여인
의 정결함과 영묘한 기운을 머금고 태고의 신비를 그대로 간직한
독일의 원시림을 연상케 한다. 이렇게 해서 우타 입상은 민족적인
어려움을 타개하기 위한 희망을 전해주는 성소聖所로 변해 갔다.

쉬레어는 우타를 생존경쟁에 뛰어든 '독일 혈통의 전사'로 묘
사하면서 우타 입상에 강한 민족적 색채를 덧씌우며 그녀를 독

일 국민, 민족혼, 독일인의 공동체적 삶과 운명의 체화로 승화시켰다. 더 나아가 나움부르크 대성당은 슬라브인의 위협에 직면했던 그리스도교 신앙의 전초기지이자 동시에 호전적이고 팽창 지향적인 국가권력의 상징물로 기억되었다. 고귀하고 순수한 독일 여성 우타는 민족의 관문인 국경의 수호자로 추앙되고 그 위상도 한층 격상되었다.

사진작가이자 영화 제작자이기도 했던 헤게Walter Hege는 우타의 속성을 근본적으로 변화시킨 인물이었다. 인종주의적 사진작가로 알려진 그는 1920년대부터 1940년대까지 중세의 조각과 건축물을 사진에 담았고, 사진이라는 수단을 통해 우타가 대중에 의해 적극적으로 수용될 수 있는 계기를 마련했다. 사진을 통해 전해지는 우타의 이미지와 스토리는 보다 더 많은 이들에게 전달되었고, 나움부르크 성당은 우타를 직접 바라보려는 구경꾼들로 와글거렸다. 사진의 실재성, 신뢰성이라는 매체적 특성이 받아들여졌던 시대에 사람들은 우타가 상징적으로 체화했던 독일 민족이라는 공동체적 정체성이 실존하는 것으로 인식하였다. 실제로 많은 연극과 사진 매체를 통해 나움부르크가 알려지기 시작하면서 나움부르크는 '우타의 도시Utastadt Naumburg'로 불렸고, 1934년에는 34,000명, 1936년에는 80,000명, 나아가 1938년에 이르러서는 약 93,000명이 나움부르크 서쪽 제단의 우타 입상을 찾았다. 헤게의 〈우타〉는 나치 정권이 자신들의 미학적 이념에 부합하지 않는 작품들을 압수해 개최한 '퇴폐예술Entartete Kunst'이란 제목의 전시회(1937)에서 '이상적인 독일 예술을 왜곡하고 타락시킨' 표현주의 작가들의 여성인물화와 대비되게끔 전시된 바 있다.

사진 외에도 우타는 상당히 많은 연극 작품으로 재현되었다. 나치 예술 정책하에서 극본가로서의 명성을 얻기 시작한 조각가이자 시인으로 활동했던 뒤넨Felix Dhünen의 극문학 〈나움부르크의 우타Uta von Naumburg〉가 그 대표적인 사례이다. 이 작품을 계기로 여러 작가들에 의해 연극으로 각색된 나움부르크의 우타 이야기는 1934년 초연된 이후 십여 년 동안 100회 이상 상연될 정도로 독일 전역에서 선풍적인 인기를 얻었다. 연극은 당시 다양한 잡지와 신문에서 "돌이 생명력을 얻었다Stein drängte zum Leben"는 평가를 받았고, 이는 우타가 연극이라는 매체를 통해 대중의 기억 속에서 되살아났음을 보여준다. 우타 입상은 더 이상 차가운 '석상'이 아닌, 오랜 망각에서 깨어난 민족적 기억으로서 새로운 생명력을 부여받게 된다.

1938년 2월 26일 국가사회주의당의 서쪽 제단 기념식이 진행되는 가운데 나움부르크 우타 입상은 이러한 '희생적인 아내'의 이미지로 선전된다. 당시 기념식에서 우타를 소재로 헌정한 랑거만Roland Langermann의 시에서 우타는 "국가를 위협하는 위험을 알아차리는 독일적인 영웅"이며, 동시에 외롭고 험난한 삶에도 불구하고 "인내하고 마음의 평정을 잃지 않는" 독일적인 여성으로 묘사된다. 시인은 우타와 같은 '민족의 수호자'가 되기를 마음속으로 읊조렸다. 우타 입상에는 제1차 세계대전의 패전과 영토 상실에서 비롯된 민족적 절망과 울분, 동시에 독일의 모범적인 '민족성', 용감하게 사람들을 위해 헌신하는 희생적 '여성성'이라는 상징성이 투영되고 있었다. 우타에 대한 집단 기억 만들기는 1938년 뮌헨 시에서 거행된 축전에서도 시도되었다. 히틀러가 직접 참여해서 게르만의 문화와 예술적 업적을 '환상적Traumwelt'으로 칭송했던 이 행사의 축제행렬에는 나움부르크 12인 기증자상의 모형이 대형 마차에 실려 공개되었다.

우타 입상을 둘러싼 예술의 정치화와 민족적 기억은 치밀하게 기획되어 일상적인 영역에까지 침투하고 있었다. 연출된 사진, 민족적 서사, 정치적 구호는 화려한 무대에서 국가주의적 집단 기억을 재생산하고 강화하는 기제로 활용되었다. 독일의 민족적 전형성, 나아가 여성으로서의 역할을 상징하는 인물로 기억된 우타는 다양한 수단과 매체를 통해 재현되었다. 상상적 재현을 통해 왜곡된 우타는 대중에게 민족 정체성을 확인하는 하나의 실재이자 불안한 현실 속 미래의 희망이 투영된 상징이었다. 불분명한 정체성을 가진 변방의 작은 석상은 아주 특정한 목적 하에서 왜곡되어 재현되거나, 사람들의 일상적인 기억까지 침투하여 국가사회주의적인 움직임에 유용한 정신적 자양분이자 촉발제로서 작용했다.

망각의 패러다임

예술사가였던 슈마르조브August Schmarsow는 1934년에 우타를 민족의 숭배 대상으로 묘사하였지만, 동시에 폴란드 출신으로 슬라브계 뿌리를 가진 우타의 동서였던 레글린디스에 대해서는 노골적으로 인종 혐오를 드러낸다. "인종적 문제와 관련해서" 북독일 출신의 미의 화신인 우타는 '슬라브 출신의 어린아이'이자 '하녀'로 비하되었던 레글린디스와 극명하게 대비되었다. 우생학에 근거한 민족주의가 고귀한 독일 민족의 우수성과 슬라브인의 천박함이라는 대조적인 이미지를 만들어 내었다.

하지만 슈마르조브는 정작 오래 전에 작성했던 글(1892)에서는 폴란드 제후의 딸 레글린디스의 웃는 모습을 경박함보다는 진정한 신앙심의 자연스러운 표출로 보았고 그녀를 신심 깊은 레글린디스로 묘사하면서 마그데부르크 성당의 웃고 있는 '현명한 처녀' 혹은 '수태고지하는 천사'로 비유하였다. 그녀의 복장 역시 중세 궁정의 예의범절에서 벗어나지 않았다고 보았다. 19세기 말까지만 해도 슈마르조브의 글에서는 레글린디스에 대한 인종적 혐오감을 읽을 수 없었다.

역사 속 레글린디스는 폴란드의 초대 왕으로 등극하게 되는 피아스트 가문의 용감공 볼레스와프 1세Bolesław I Chrobry(?~1025)의 딸로서, 그녀의 어머니이자 볼레스와프의 아내인 엠닐다Emnilda 혹은 이르민힐드Irminhild는 독일 영토에 복속된 엘베강과 오데르강 사이의 지역을 통치하던 슬라브인 아버지 도브로미르Dobromir의 딸이었다. 따라서 레글린디스는 정략결혼으로 맺어진 귀족가문 사이에서 태어난 '접경인接境人'이었다. 그녀의 아버지는 서쪽으로는 독일 작센 지역의 귀족집단, 동쪽으로는 폴란드 제후와 혼인을 통해 인척관계를 맺으면서 접경지대의 경계를 횡단하며 삶을 살았던 인물이었다. 레글린디스와 엠닐다 혹은 이르민힐드라는 이름 역시 슬라브 가문에서도 독일식 이름과 슬라브식 이름이 병행되어 사용될 정도로 두 문화가 어울려 공존하였음을 의미한다.

레글린디스의 아버지 볼레스와프 1세와 '독일인' 시아버지Ekkehard I(985~1002)가 정치적 동반자 관계를 유지하였고 시삼촌 군젤린Gunzelin이 그녀 아버지의 '인척'으로 여러 차례 언급될 정도로 양가는 오래 전부터 인척관계로 얽혀 있었다. 이처럼 상이한 정치세력이 만나는 국경 지역은 자치적 통치권을 추구했던 다양한 토착세력의 이합집산과 혼종적인 모습을 특징으로 한다. 이는 우타와 레글린디스가 살았던 국경 지역의 정치적 상황을 '독일' 혹은 '폴란드' 민족이라는 근대적인 이분법적 논리로 설명할 수 없음을 보여준다.

현대의 역사가들은 자주 '민족'이라는 개념을 전근대 시대까지 소급시키려는 오류를 범하였으며, 이는 결국 사료의 편파적인 취사선택으로 이어질 수밖에 없었다. 평온한 일상의 삶보다는 갈등과 전쟁에 귀를 기울였던 중세 연대기 작가들의 기록을 통해 국경의 과거를 바라보는 것은 명백히 비역사적인 접근이다. 랑케의 역사주의적 방법론에 친숙한 역사가들은 사료에서 침묵하는 일상적 경험에 대해서는 관심을 기울이지 못했다. 근대적 국경개념의 등장 이전에 국경의 일상사는 단절보다 소통이 특징이었고, 분절과 단절은 후대 민족주의 역사학자들이 만들어낸 역사상이었다. 물론 중세 접경공간이 경험한 공존의 다양한 모습을 사료를 통해 복원하는 일은 쉽지 않은 작업일 것이다. 이는 근대 역사학이 등장한 19세기 이후에 민족주의의 열풍 속에서 민족감정의 각성에 적합한 사료들이 의도적으로 수집되고 편찬되면서, 전통 역사학이 과거를 정당화하는 정치적 무기로서 기능하였기 때문에 더욱 그러하다.

레글린디스의 아버지 도브로미르처럼 이 지역을 본거지로 했던 슬라브 통치자들은 독일 황제에게 정치와 군사적 충성을 맹세하고 작위와 봉토를 하사받았다. 황제의 두터운 신임을 받았던 이들은 황제를 대신해서 기존의 통치업무를 지속적으로 수행하였고 그 결과 이들이 다스리던 지역에서는 단순한 정복과 복속이 아닌 정치적 혼융이 이루어졌으며, 넓은 점령지 관할을 위해서 토착 지배세력과 긴밀한 협력 내지는 타협 외에 다른 대안적 방법을 찾기 어려웠던 황제도 이들에게 지지와 신뢰를 보냈다. 슬라브 귀족들도 새로운 변화에 친화했음이 분명하고, 마이센 지역의 경우 하위 귀족만이 아니라 상층부 토착 귀족들도 독일의 새로운 지배세력에 적극 협조했음이 새롭게 밝혀지고 있다. 이들은 결국 서쪽에서 유입된 '독일' 출신의 귀족들과 혼융되어 접경지대의 신흥 지배계층을 형성하게 된다. 1071년의 한 사료에 언급된 마이센 변경백작의 22명 신하들 중에서 16명이 슬라브식 이름을 가졌다는 사실이 이를 반증한다.

국경지대의 슬라브인 선교에 적극적이었던 교회 역시 슬라브 귀족의 도움을 절실히 필요로 했고 협력의 대가로 기존 권리의 인정과 정치적 자치권을 인정하는 불수불입권을 약속한 바 있다. 서기 1000년경에는 슬라브 귀족 여성들도 헌신적인 공헌의 대가로 마그데부르크와 메르제부르크 교구의 망자 명부에 이름을 올릴 수 있었다. 메르제부르크의 초대 주교 보소Boso가 그러했듯이, 이 지역에는 슬라브어를 배운 성직자들이 전략적으로 부임되었다. 보소는 슬라브어 선교사 양성으로 유명했던 성 엠메람St. Emmeram 수도원 출신으로 황제 오토 1세 역시 독일어와 슬라브어를 이해할 줄 알았으며 비잔티움의 여인과 결혼했던 오토 2세도 두 가지 언어에 능통했다는 사실은 슬라브어lingua Slavica가 단순히 피정복민의 언어가 아니라 정치·군사·외교·교역의 중요한 언어였음을 시사한다. 국경 지역의 교구학교에서는 슬라브어가 교습되었으며 독일과 슬라브 귀족 자제들이 함께 교육을 받았다. 혼인 등의 이유로 레글린디스의 시가인 에케하르트 가문의 귀족들도 슬라브어를 이해하고 사용했을 가능성이 높다.

11세기의 접경 지역인 마이센에서는 게르만어와 슬라브어가 공용어로 쓰이면서 이중 언어 사용[bilingualism]과 경계를 넘나드는 월경越境은 일반적 특징이었다. 엘리트 집단이 상대방의 언어를 습득함으로써 언어적 혼종성은 가속화되었다. 독일 출신 농민들의 언어[lingua rustica]와 토착 슬라브인들의 언어[lingua vero patria]가 공존했고 귀족 가문 내에서도 문화적 혼용과 동화현상이 빈번하게 포착되었다. 마이센에서 독일인들과 잡거하던 슬라브 세력의 일상적 모습은 사료의 침묵 이면에 감추어져 있지만 이들의 가문은 면면히 이어졌고 독일 지역에서 유입된 정치와 종교 세력과의 협력 관계는 우타와 레글린디스 입상이 세워지는 13세기 중반에도 지속되었다. 슬라브 출신 성직자의 이름이 등장하면서 독일어·슬라브 선교어[lingua Slavica missionarica]·라틴어라는 삼중언어 구사자가 살았던 접경 지역은 혼종적 삶의 단면을 보여준다. 이러한 모습은 독일 동방정책으로 슬라브인들이 '전멸'되었거나 혹은 이들에 대해 단순히 기존의 권리를 인정하는 '관용'을 베풀었다기보다는 적극적인 '포용'과 '혼융'이 이루어진 것으로 보아야 할 것이다.

접경 지역의 거주자들은 접경공간을 정합整合하는 실용적인 노선을 걸었고, 종교와 언어의 동화 역시 실용적인 이유가 더 강하게 작용하였다. 비록 때로는 강요된 원치 않는 공존이었지만 편견과 배타적 감정은 현실적인 타협으로 풀어야 했다. 현상유지를 위해 실용적 노선을 취했던 접경 지역은 단절보다 교류가 일상적이었고 그래서 그곳은 분절된 지역이 아니라 조우와 소통의 공간이었다. 자연환경 앞에서 게르만과 슬라브의 종족적 차이는 생존 문제보다 더 중요할 수 없었기에 종족 사이의 일상적 협력과 공조는 가능하였다. 국경은 정복과 피정복의 대립항이 아니라 상호교류와 의존이 심화되는 접경이었다.

　일반적으로 접경공간에서 신참자들은 수적으로 뒤졌기 때문에 무리한 사회정치적 재편을 시도하기 어려웠으며, 그들은 다수를 차지하는 피지배자의 관습과 제도를 존속시킬 수밖에 없었고 인종-종교적 중재자를 대리인으로 내세워 과도기를 극복하려 했다. 이러한 과정 속에서 문화 수용acculturation이 이루어졌고 자연히 일정 정도의 문화적 동질화나 수렴convergence 현상이 뒤따랐다. 국경은 서로를 향한 증오와 갈등이 더욱 팽배했지만 역설적이게도 전쟁의 상처를 치유하는 작업 역시 이곳에서부터 시작되었다. 비록 상황 의존적이고 선택적인 관용이긴 했지만 접경 공간은 구성원의 상호이해와 공존을 모색하면서 차츰 치유의 역사적 공간으로 바뀌어갔다.

　독일-폴란드 접경 지역에서 독일 왕국의 동부 팽창으로 슬라브인의 거주지가 파괴된 사례는 "찾기 어려우며" 이들은 기존의 법적 권한을 보장받을 수 있었다. 슬라브인의 군사 거점인 성 역시 독일 통치자들에 의해 지속해서 사용되었고, 방어 임무는 성의 수비를 담당했던 기존의 슬라브 군인들에게 맡겨졌다. 이들은 변경백의 지역 수비와 꿀, 왁스, 동물 가죽 등의 공납을 거두어들이는 일을 담당하면서 일부는 고위 귀족의 지위를 차지했다. 결국 알려진 것과는 달리 일방적인 침략과 약탈은 일시적인 현상이었을 뿐이다. 본래 다양한 슬라브 종족들이 거주하던 땅으로 이주한 독일 출신의 '손님들'은 현지인들과 협력해 도시를 건설하고, 점차 잡거와 혼종의 독일-슬라브 접경을 형성했다.

그러나 민족주의적 기억 정책은 과거 사실을 의식적으로 회상하면서 역사적 사실보다는 정치적 목적을 우선시한다. 경박한 여성이라는 20세기의 편견적인 시선과는 달리 중세의 여러 문서에서 레글린디스는 나움부르크 교구의 토대를 다진 기증자로 인정되었고 그녀의 관대한 기부행위가 칭송되었다. 특히 레글린디스가 나움부르크 성당의 건축을 위해 결혼 지참금을 기부한 것을 기념하고자 제작된 기증자 상 앞에서 기일에 추모미사가 거행되기도 하였다. 이러한 중세적 기억과는 달리, 근대의 민족 갈등을 중세에 투사함으로써 독일적인 것과 폴란드적인 것의 차별성이 부각되면서 이국적異國的인 것은 부정적인 것으로 타자화되었다.

초국가적 접경의 기억

나움부르크 성당이 2018년 유네스코 세계 유산으로 선정되어 다시금 세간의 주목을 받으면서, 우타와 레글린디스 입상을 만든, 그렇게 해서 이들을 되살려냈던 '나움부르크의 장인'도 새롭게 부각되었다. 그간의 논쟁에도 불구하고 최근에는 '독일(작센) 출신'으로 알려진 이 장인은 프랑스 북부의 누아용, 아미엥, 랭스 등 여러 도시를 무대로 활약했고 이후 1230년경 라인강의 마인츠Mainz로 이동해 대성당의 제대 난간Choir Screen의 작품을 제작하고 동부 국경의 나움부르크로 작업장을 옮긴 것으로 알려졌다. 이렇게 해서 랭스 대성당 서쪽 문 옆에 성모 마리아에게 수태고지하며 미소 짓는 천사의 조각상을 만든 예술가의 손에 의해 밝게 웃는 레글린디스의 얼굴이 입체적으로 환생할 수 있었다. 그렇다면 우타와 레글린디스의 입상은 '독일인'이 유럽의 문화적 유산을 접목해서 만들어낸 초국가적인 기억의 장소이다.

19세기와 20세기의 전통적인 국경연구에 의하면, 국경은 보호, 단절, 통제, 차단의 기능을 갖는 배타적 선의 개념이었다. 그래서 우타와 레글린디스가 살았던 독일 동부 국경도 게르만의 고유 영토이자 문명의 보루이며 경계선으로 이해될 수밖에 없었다. 폄훼될 수 없는 존엄성과 항구성을 내재한 국경선의 상실은 야만에 대한 문명의 패배를 의미했기에 국경은 반드시 수호되어

야만 하는 신성한 방어선이었다.

하지만 중세의 독일과 슬라브 문화가 만났던 마이센은 문명과 야만이 충돌하는 단층선이 아닌 다양한 사고와 경험이 조우하는 혼종적인 접경지대로, 이러한 관점은 기존 중심-주변의 역사구도를 새롭게 바라보게 한다. 초국가적인 접경적 시각은 중심에서 구축된 지배질서가 주변에 미치는 양상을 보여주고, 역으로 중심이 주변의 공간적 재구성을 수용하는 과정을 보여준다. 이는 곧 주변의 정치·사회적 영향을 받은 중심 스스로의 정체성을 재구성하는 작업으로 이어진다. 따라서 주변과 중심의 관계는 길항적이기도 하지만 상호의존적이기도 하다.

접경지대에서 독일인과 슬라브인의 종족적 결합은 메클렌부르크, 포메른, 브란덴부르크, 오버작센, 슐레지엔 등에서 혼종적인 새로운 종족Neustämme을 등장시켰다. 슬라브화된 게르만 지역Germania Slavica으로 불리는 이들 독일 동부 지역은 19세기 독일 통일을 주도한 프로이센이 유럽의 강국으로 부상하는 발판을 마련한 장소이기도 하다. 비스마르크에서 제3제국으로 이어지는 독일 근현대사의 중심이 '슬라브-게르만 혼혈성Blutmischung'이 뿌리내린 접경공간으로부터 비롯된 것을 보면 역사에 영원한 중심과 주변은 없는 법이다.

광범위한 조우와 공존이 점차 일상이 되자 접경공간의 거주민들은 현실과의 타협에 익숙해졌다. 그리고 그들이 마주한 현실이 복잡다단했기 때문에 접경공간은 모순의 장소이기도 하였다. 그곳은 이념적 증오가 판을 치는 공간인 동시에 인간의 이성과 합리성을 실험하는 공간이었다. 배재와 관용, 전쟁과 상호의존, 편견과 실용주의가 혼재한 장소였기에, 이러한 아슬아슬하면서도 기묘한 중세적 공존은 단종론單種論, 균질론과 통합론 등으로 규정되는 근대 민족국가가 대두할 때까지 면면히 이어졌다.

국경에 대한 일국사적 '기억 정치'는 국경을 단절과 분쟁의 선으로 인식하는 문제점을 드러냈고, 독일-폴란드 국경을 천년에 걸친 전쟁의 역사의 원인으로 재구성·재해석하고 신화로 변질시키면서 우리는 여전히 '기억의 전쟁memory war' 시대에 살고 있다. '역사는 기억이 지시하는 대상으로만 존재한다'는 폴 리쾨르Paul Ricoeur의 지적처럼, 19세기와 20세기의 독일-프로이센의 지식인들은 엘베강과 오데르-나이세강 사이의 지역을 자국 역사로 편입시키면서 자문화중심적 기억과 이념을 주조하였다. 이 지역이 본래부터 독일의 영토였다는 '원시 게르만론', 낙후된 불모지를 독일의 문명화 사업으로 개화하였다는 '문화전파론', 독일의 동방 진출과 더불어 슬라브 원주민을 '인종 청소ethnische Entmischung' 하였다는 '슬라브 절멸론'이 그것으로, 국경 지역의 시원적이고 배타적 전유를 위한 영토순결주의가 기획되고 관련 전시회와 기념식이 개최되었다.

상이한 개별 집단 기억을 무기삼아 벌어지는 기억의 전쟁을 종식시키려면 국가와 국가 간의 공통 역사와 문화정체성을 확인하려는 국경을 초월한 초국가적 기억을 되살리는 작업이 요구된다. 초국가적 기억의 장소sites of transnational memory 발견 작업은 국가주의적 기억의 공백을 채우고, 민족국가의 날카로운 모서리로 잘못 이해하고 있는 국경에서 진행되었던 혼종과 얽힘의 역사를 복원할 수 있을 것이다. 국경은 이주와 이산, 결혼과 교류를 통해 한 곳에 모인 이질적 문화들이 상호 교류하고 뒤섞인 까닭에 순수한 피와 문화는 더 이상 존재하지 않게 된다. 독일–폴란드 국경을 접경으로 이해하는 초국가적 기억은 우타와 레글린디스가 살았던 곳이 다종족적 공간이었음을 드러냄으로써 전통적인 국경의 의미를 탈민족화denationalism 한다.

민족문화의 순수성, 단일성, 차별성을 강조하는 기존의 국가적 기억 정책은 국경선을 놓고 벌였던 국가 간의 갈등을 대중의 애국심 고양을 위해 과장하고 왜곡하였으며, 복제기술을 활용해 사이비 아우라를 만들어낸 '정치의 심미화'를 추구했던 문화정책과 언론은 이를 다시 증폭시켜 왔다. 이 과정은 우타의 입상처럼 특정 목적에 봉사하는 기억의 장소를 조성해 부각시키고는 했다. 그러나 이제는 일국사적 의미 이상을 지니는 기억의 장소를 발견하는 초국가적 국경연구가 선행되어야 하며, 이를 위해서 접경연구Contact Zones Studies와 기억연구의 협업이 강조된다.

이를 위해서는 먼저 국경에 대한 상이한 기억과 해석들을 드러냄으로써 타자의 시각을 이해할 필요가 있다. 국경을 초국가적 기억의 장소로 만드는 작업은 차이에 대한 인정과 소통, 상호 이해, 흑백논리의 지양이 그 목적이다. 따라서 이는 단순히 인위적인 기억작업을 통해 지역적 기억을 초국가적 의미로 확장하는 것만이 아니라, 단절되었던 국가적 기억을 비교해 서로를 이해하고, 공통의 기억은 물론 다양성 그 자체를 공유하는 새로운 구도를 만드는 작업이다. 쌍방향적 기억dialogic memory의 복원은 민족적 자부심만을 강조하지 않고, 자신의 폭력적 역사를 반성함으로써 민족적 기억 속에 폭력으로 얽힌 어두운 역사를 수용하게 한다. 상대방의 감정을 헤아리는 이러한 초국가적 기억을 되살릴 때 민족국가의 배타적인 양자택일의 논리는 양자병합의 논리로 대체될 수 있다.

국경에 대한 초국가적 기억 연구는 국경에 스며들었던 일상적 삶의 궤적을 추적할 수 있다. 이는 근대국가의 정치·사회·경제 엘리트 집단이 기획하고 설정했던 '민족국가의 컨테이너'인 국경을 넘나들던 초국가적 요소와 연계망을 조사하고 국가적 범주 밖에서 생성된 기억을 수집해 재구성함으로써 역사를 위와 아래로부터 동시에 재조망하는 작업이다. 일국사적 집단 기억을 넘어선 초국가적 기억 연구의 수행은 국가가 기념일 혹은 기념행사, 묘역·기념비·박물관·기념관 등의 다양한 기억의 장소를 통해 강화한 국가 주도적 지배 기억dominant memory의 공백을 메울 수 있다. 동시에, 국가의 '기억 정치'가 지배 기억을 재생산하는 공간에서 의도적으로 배제하고 망각했던 대항 기억counter memory 도 복원할 수 있을 것이다. 이는 아직은 '낯선' 장소를 발견하거나 혹은 알려진 장소에 새로운 의미를 부여하고 화해와 공존의 장소를 '만드는' 작업이다. 이는 역사가가 관찰자의 임무뿐 아니라 행위자doing history로서의 임무도 지고 있음을 일깨울 것이다.

필자의 관련 연구

「국경의 기억 – 나움부르크^{Naumburg}의 우타^{Uta} 立像」, 『서양중세연구』 44, 한국서양
　　　중세사학회, 2019.

참고자료

차용구, 「서양 중세 로마네스크와 고딕예술에 나타난 여성의 모습」, 『서양중세사연
　　　구』 7, 한국서양중세사학회, 2000.
＿＿＿, 「독일과 폴란드의 역사대화 – 접경지역 역사서술을 중심으로」, 『전북사학』
　　　33, 전북사학회, 2008.
＿＿＿, 「국경^{Grenze}에서 접경^{Kontaktzone}으로 – 20세기 독일의 동부국경 연구」, 『중앙사
　　　론』 47, 중앙사학연구소, 2018.
한운석 외, 『가해와 피해의 구분을 넘어 – 독일 폴란드 역사 화해의 길』, 동북아역사
　　　재단, 2008.

1938년 조·중·러 국경의 하산호/장고봉전투

에드 풀포드

엇갈린 기억들

1938년 7~8월 러시아(당시 소비에트 연방), 중국 북동부(당시 일본이 점령한 만주), 북한(당시 일본이 점령한 한반도)의 국경지대에서 소련과 제국 일본 간에 여러 차례 전투가 벌어졌다. 오늘날 이 사건은 각국이 위치한 복잡한 국경지대의 지리적 특징에 따라, 상이한 언어의 여러 명칭으로 알려져 있다. 러시아식 명칭인 Khasanskie boi(하산전투) 혹은 Boi u ozera Khasan(하산호 주변 전투)은 현재 러시아 영토 내 호수 주변을 가리킨다. 반면, 한자를 쓰는 일본어, 중국어, 한국어는 보통 각국의 한자 발음에 따라 '張鼓峰事件'이라 불

리고 있다(일본어는 ちょうこほうじけん, 중국어는 Zhanggufeng shijian).
여기서 '장고봉'은 하산호 근방의 봉우리인데, 장고봉의 모습이 가운데 부분은 가늘고 양끝은 '봉우리'처럼 솟아 있는 한국 전통 악기인 장구와 유사하다고 해서 붙여진 이름이라고 한다. 그러나 본문에서 언급하는 바와 같이 이 명칭만 사용된 것은 아니다. 전투의 명칭을 둘러싼 복잡한 상황은 사람들이 기억하는 상이한 방식, 전투가 벌어진 장소를 이해하는 방식에서 나타나는 폭넓은 차이를 반영하고 있다. 이와 같은 명칭이 연상시키는 뚜렷한 지리적 혹은 지형적 특징과 마찬가지로, 기억의 장소에서 드러나는 이 전투의 초국가적인 유산의 복잡한 속성도 중요하다.

이 전투는 부분적으로는 불명확한 국경을 둘러싼 일본 제국 식민지들과 소비에트 연방의 견해 차이로 인해 발생했다. 이러한 분쟁들은 80년이 지나 공식적으로는 해결되었지만, 실제 일어난 사건을 기억하는 방식에 잔존해 있다. 일본, 러시아, 중국, 남북한의 엇갈리는 기억은 중첩되고 때론 모순적인 방식으로 하산/장고봉에 모두 투사되었다. 가장 중요한 점은 동떨어진 사건들이 여러 국가마다 다르게 기억되거나 혹은 잊히듯이, 중국은 참전하지 않았음에도 이 사건에 대한 관심이 분명 가장 크다. 이 사건에 대한 다양한 관점이 존재하며, 이는 집단적 기억과 그 사용(및 오용)이 주요한 국가적 관심사로 남아있는 주변 국가들에서 지역적 중요도가 변화하는 양상을 반영하고 있다. 그러므로 종종 간과되곤 하는 하산/장고봉의 유산은 정치와 역사에 대한 광범위한 동북아시아의 논쟁과, 각각의 기억과의 관계를 들여다 볼 수 있는 매우 지역적인 창을 제공한다. 이 점에서 국경, 영토, 기억을 논의할 때, 동북아시아 정부와 주민들이 시공간의 경계를 동시에 탐색하지 않을 수 없다는 점은 분명해 보인다. 본문에서 언급하듯이, 한 나라와 인접국 간의 상호작용은 기억하는 과거와 기대하는 미래의 만남이기도 하며, 이는 주변국의 것과 다를 수도 있고 다르지 않을 수도 있다.

사건들

언뜻 보면 하산/장고봉의 역사에도 국가 혹은 제국 사이의 전통적인 국경 분쟁에서 나타나는 공통적인 특징들이 나타난다. 1938년 7~8월 전투는 세 국가의 국경에서 발생했는데, 이 사건의 기원은 틀림없이 19세기 중반 러시아가 이 지역으로 확장한 후 심화된 미해결 상태의 영토 분쟁과 관련이 있다. 그림 1에서 '러시아'로 표시된 영토는 1860년 중국과 체결한 베이징 조약 이후 러시아의 영토가 되었다. 최종 국경선을 확정하기 위한 조사 임무가 1860년, 1886년, 1911년, 1915~1920년에 중국과 러시아 측에서 다시 실시되었다. 이렇게 여러 번 조사가 있었다는 사실은 이미 그 지역이 지정학적으로 민감했다는 점과 함께 자연 지형이 언덕이면서 습지이기에 국경 확정이 어렵다는 점을 시사했다.

그림 1_ 하산호/장고봉전투 현장 주변 지역

한일 병합(1905·1910)과 만주 병합(1931~1932) 이후 1930년대까지 모스크바와 도쿄 당국은 침엽수림, 하천 충적평야, 해안인 이 지역에 더 많은 관심을 기울였다. 양국이 이 지역을 전략적 국경지대로 이해하면서, 각자의 제국의 불안이 투사되었다. 이러한 투사는 스탈린이 1937년 극동에서 중앙아시아로 조선인들을 강제 추방하는 과정에서 가장 비극적으로 나타났다. 그 해부터 1938년까지 소련과 일본의 국경에서 국지적 충돌이 발생했고, 양국 대표들은 과거 측량을 통해 그린 각자의 국경선을 상대방이 침범했다는 비난을 주고받았다. 7월 15일 장고봉과 하산호 주변에서 전면전이 발발했다. 전투는 격렬했고, 병사, 탱크, 전투기가 동원되고 해상 봉쇄가 이루어지면서 양측에서 수많은 사상자가 발생했다. 붉은 군대의 손실에서 보았을 때, 어쩌면 너무 많은 희생을 치르고 얻은 승리였다. 그럼에도 넓은 의미에서 소련의 승리를 확정한 휴전 협정 체결이 이루어진 8월 10일까지 갈등은 계속되었다.

그러나 여기에서는 구체적인 사건이 아니라 전투에 대한 기억에 주로 관심을 두기 때문에, 실제로 일어난 사건을 자세히 다루지는 않을 것이다. 대신에 훈춘 근처 마을과 러시아에 인접한 하산 지구(하산스키 군) 주변에 대한 현지 연구, 지역 사료 분석, 박물관 방문, 주민과의 대화를 통해, 갈등이 국경지대에 남긴 유산과, 이러한 유산이 오늘날 동북아시아의 시공간적 경계에 대해 함의하는 바를 탐구하고자 한다. 자료와 현장을 함께 분석하여 하산/장고봉을 둘러싼 시공간적 접합 및 경합의 층위를 드러낼 것이다. 이 층위는 '사건'이 펼쳐졌던 국가 간 경계가 현재 분명해진 것과 비교해 보면 더 미묘하다. 내가 여기서 가장 관심을 갖는 것은 이미 희미해져버린 80여 년 전의 '국지적 기억'이 아니라, 오늘날 국가의 기억과 기념 방식이 '지역에서 의미화'되는 방식이다.

각국의 역사와 기념물을 비교해 보면 이 지역에서 기억의 위계를 가늠할 수 있다. 특히, 사건의 유산을 만들어내는 데 실제 분쟁 당사자가 아니었던 중국의 역할이 점점 커지고 있음을 알 수 있다. 장고봉전투에 참전했던 열강의 후예인 일본, 러시아와 중국이 경쟁하고 있는 동북아시아에서, 이는 부분적으로 중국의 '부상'에 관한 공식적인 역사 및 기념 서사가 중요하다는 점을 반영한다. 그러나 이는 지역 간 맥락에서도 흥미로운 지점이다. 즉, 이러한 중국의 국가 쟁점이 지난 2세기 동안 '중국' 전체 상황과 운명을 논의하는 데 만주가 중심이 되었던 장기적인 추세와 공명한다는 점이다. 이 글에서는 이웃 국가들이 시공간을 통해 이 사건에 접근하는 방식을 초국가적인 관점에서 검토한 뒤, 중국 동북부를 국가 담론과 국가 역사 속에 포섭해 가는 현재의 프로젝트와 그 영향력이 갖는 불가피한 한계를 논의하고자 한다.

러시아, 일본, 조선 — 사라진 제국들에 대한 복합적인 기억

하산/장고봉의 세 국가가 맞닿은 지역에서 이미 여러 상이한 집단들이 자신이 전투의 유산을 물려받았다고 주장하려는 상황에서 실제 전투를 벌인 두 정치체가 오늘날 존재하지 않기에, 동북아시아의 과거 이 짧은 시기의 역사와 기억에 더 다양한 층위가 나타나고 있다. 이 사건의 원인과 결과를 해석하는 데 잠재적으로 관여하고 있는 수많은 당사자 중에 심지어 교전국이었던 조선 주둔 일본군과 소련 붉은 군대조차 복잡하다. 현대 일본과 러시아는 일본 제국과 구소련의 후계자이기에, 하산/장고봉과 관련한 논쟁과 기념의 장소가 될 수 있다. 그러나 양 제국주의의 흔적이 크림이나 홋카이도 등에 여전히 뚜렷이 남아 있다고 주장할 수도 있지만, 현재 일본과 러시아는 모두 1938년과는 완전히 상이한 정치체이다.

제국은 불가피하게 신민을 자신과 무관한 전쟁에 끌어들인다. 1930년대 조선 주둔 일본군 병사의 대부분은 일본인이었지만, 일부 조선인이 자발적으로 입대했다. 따라서 조선인 병사는 이 전투에서 민족적인 행동을 보였을 가능성이 있다. 더욱이 (함경도가 있는 두만강 건너) 남쪽과 (간도로 알려진 만주 지방의) 북쪽 및 서쪽과 마찬가지로 장고봉 주변은 조선인의 인구가 압도적으로 많았다. 봉우리의 이름을 장구에서 따왔다는 사실 자체가 이것이 상당히 '조선인'의 사건이었음을 보여준다. 그러나 오늘날의 남한에서 보면, 이 전투의 '조선성'은 소위 북한과 중국 옌볜 조선족 자치주 사이의 경계 어딘가에 겹겹이 숨겨져 있다. 현대 남한과 이 사건 간의 복잡한 관계는 사건의 명칭이 불확실하다는 점에서 잘 드러난다. 한때 한자어 명칭인 장고봉사건 혹은 장고봉전투라고 불리던 사건은 최근 한국 자료에서는 점점 러시아 이름을 따라 하산호전투라고 명기되고 있다. 비록 한국에서 잘 알려져 있지 않지만, 결국 다양한 러시아인, 일본인, 중국인의 세계가 여기서 만나는 것과 마찬가지로 이 사건을 통해 여기에 서로 엉켜 있는 여러 조선인들의 세계들을 볼 수 있다.

한편, 러시아와 일본의 경우, 두 나라에서 이 사건을 기억하기 위해서는 사라진 제국의 유령의 세계로 들어갈 필요가 있다. 그러므로 기념행사는 이미 사라진 국가의 반쯤 잊혀진 역사 속으로 일종의 시간 여행을 가는 일이다. 어떤 지역 역사가의 말에 따르면, 오늘날 러시아 쪽에서는 "내전 이후 경험 많은 외국 정규군과 치른 (소련 붉은 군대의) 첫 번째 전투"로 하산을 기억하고 있다. 이것은 제한적이고 은밀하게 관여했던 1920년대 아프가니스탄 내전을 제외하면, 1922년 소비에트 연방 설립 이래 외국과의 최초의 교전이었고, 이는 하산스키의 지역 학자들과 주민들이 자부심을 느끼는 지점이었다. 이러한 사실과 구소련 말기 이후 침체된 지역 생활 상태를 반영하여, 이 지역의 기념물과 기념품들은 대부분 구소련의 맥락에 기대고 있으며, 지난 제국에 대한 겹겹이 쌓인 기억 속에 묻혀 있다. 크라스키노 정착지 언덕에는 하산전투에 참가했던 소련의 전쟁 영웅, 이반 모슐랴크Ivan Moshliak의 동상이 세워져 있다(그림 2). 그러나 이제 더 이상 존재하지 않는

그림 2_ 이반 모술랴크 동상. 기단석 전면에 '하산의 영웅들에게'라고 새겨져 있다.

나라의 존재에 기댄 기념비가 점점 희미해져 가는 것을 시사하듯이, 크라스키노의 현지인들은 그를 단순히 '이반'이라고 부르며, 많은 사람들은 그가 어떤 '이반'인지 모를뿐더러 일반적으로 하산에 대해서도 거의 알지 못한다.

소련 시절에도 모스크바 정부는 가장 외진 국경지대 중 한 곳에서 일어난 비교적 소규모의 분쟁이 잊혀질 위험이 있다는 점을 이미 알고 있었을 것이다. 마치 사람들의 망각을 막기 위해, 이 먼 지역에 국가적 기억이 확실히 뿌리내릴 수 있도록 노력한 것처럼, 하산 지구 주변의 모든 지역은 이 전투를 가리키는 지명과 전투에 대

한 소련 시대의 기념물로 채워
졌다. 크라스키노는 하산으로
병력을 보강하는 과정에서 일어
난 교전에서 지방수비대의 방어
를 지휘했던 장군 미하일 크라
스킨Mikhail Kraskin의 이름을 따온
것이다. 중국행 철길 근처 지역
은 장고봉 근방 샤카오핑 언덕
(러시아어로 베지미안나야)에서 일

그림 3_ 제2차 세계대전과 하산 기념비 (러시아 슬라비안카)

본의 공격에 대한 첫 번째 방어를 주도한 또 다른 '하산의 영웅'인
알렉세이 에피모비치 마할린Aleksei Efimovich Makhalin의 이름을 따와 '마
할리노'로 명명되었다. 전투 후 하산 지역은 지명이 바뀌었고, 지
역 중심가 슬라비안카에는 독특한 제2차 세계대전 기념비가 생
겼다. 이 기념비에는 구소련 전역의 전쟁기념비에 일반적으로 보
이는 소련의 대조국전쟁Velikaia otechestvennaia voina의 개시일과 종료일
과 함께 전투 날짜가 기록되어 있다.

26명의 새로운 영웅에서부터 3,481명의 '참전자uchastnik'상까
지 수많은 메달이 수여되었던 소련 최초의 전쟁을 기념하는 모
든 것에는 소련이 깊이 남아 있다. 하산의 유산은 현대 러시아의
맥락에서 이해해 볼 수 있는 부분이 거의 없다. 드물지만 현재 지
역민들은 전투를 언급하면서 국방의 중요성이라는 관점에서 논

의한다. 이는 소비에트 연방의 해체 이후 러시아에서 일어난 영토와 국경의 물신화(숭배화)를 둘러싼 연구 경향과 관련된다. 크라스키노에 있는 한 기념비는 땅의 신성성까지 지적하는데, 이는 '국경의 물신화'가 다른 러시아 극동 지역들과 마찬가지로 이곳에서도 활발하다는 점을 보여준다. 더 멀리 있는 쿠릴 열도의 상황과 마찬가지로 여기서도 국가 서사가 지역의 사건을 자신의 목적에 맞게 활용하면서, 국가 차원의 역사와 기억이 지역적 중요성을 부여하는 것이다.

일본 측에서의 전쟁 기억은 소련-러시아의 기억과 동일한 방식으로 과거의 세계를 그려내지는 않을 수도 있다. 그럼에도 일본에서 전쟁의 유산은 점점 희미해지는 전쟁 경험을 둘러싼 익숙한 프레임에 근거해 논의되고 있다. 명백하거나 구체적인 기념은 약화되고, 역사 전문가들이 하산/장고봉에 주의를 돌릴 경우의 서사는 이 시기의 역사 서술과 매우 유사하여, 외부자들이 가장 주목하는 수정주의에서부터 더 다의적이고 다원주의적인 설명들까지 다양하다. 종래에 보수적인 저자들이 1930년대 소련의 국경 침공이 빈번히 일어났다고 강조하며 일본군이 우세한 적에 맞설 준비가 되어 있지 않았다고 서술했다면, 러일 양국에 관한 최근 연구는 보다 균형 잡힌 시각을 드러내고 있다.

오늘날 러시아와 일본, 정도는 덜하지만 남북한에서 국가 역사가 하산/장고봉을 다루는 방식을 이해하기 위해서는, 적어도 러시아, 일본, 조선 주둔 일본군까지 포함해 교전국 군대에 대한 논쟁적 역사를 이해할 필요가 있다. 이들 교전국들은 스스로 다층적인 기억의 주체인 이미 사라진 정치체를 위해 싸웠다. 그러나 청 왕조의 지배, 20세기 전반기 조선의 이주 농민들의 사실상 지역 지배, 중화민국의 관리, 일본의 식민지 개입 등 몇 차례나 지배세력이 바뀐, 가는 물줄기의 두만강 둑에서 일어난 이 다국적인 사건을 러일 간의 사건으로 간주하는 것은 현재 기억에서 가장 중요한 국가라는 행위자를 무시할 우려가 있다. 중국은 현재 국가적 서사를 지역화하는 데에 주변국들에 비해 훨씬 노력하고 있고 가장 적극적이다. 역설적으로 '중국' 인민이나 '중국' 정부가 이 전투에 참여하지 않아, 러시아, 일본, 조선과 달리 백지 상태이기 때문에 이러한 작업이 아마도 더 쉬운 듯 보인다.

중국 — 기념관과 카추샤

1945년 패전 후 일본은 조선과 만주에서 철수했고, 1949년 중국 공산당이 내전에서 승리하면서 중화인민공화국이 결국 〈그림 1〉에 보이는 만주국 영토의 좁은 부분을 점령하게 되었다. 결과적으로 1938년에 벌어진 분쟁 무대의 일부가 자국의 국경 안에 있기 때문에 중국은 이제 일정한 영토에 기반해 자신의 몫을 주장할 수 있다. 그러나 중국군의 부재는 중국이 하산/장고봉의 인적 유산을 물려받는 것이 매우 우회적이고 모호할 수밖에 없음을 의미한다. 그러나 비록 전투 유물은 러시아 슬라비안카의 하산 지구 박물관이 탁월함에도 중국은 현재 하산/장고봉 전문 박물관을 보유한 유일한 국가이다. 여기서 나는 전투를 기념하기 위한 중국의 적극적인 노력이 오늘날 동북아시아에서 기억들이 겹쳐지는 방식, 그리고 시공간적 경계가 접속되는 방식을 엿볼 수 있는 독특한 창을 제공해 줄 것으로 보고 있다. 장고봉사건기념관张鼓峰事件纪念馆에서는 조선인 밀집 지역에서 벌어진 소련과 일본의 전투가 오늘날 중국, 중국의 정치적 야망, 국경, 지역 정체성, 세계에서의 더 넓은 공간 감각과 매우 직접적인 관계를 맺고 있는 것처럼 보인다.

오늘날 많은 사람들이 장고봉사건기념관을 방문하는데, 이는 최근 몇 년간 북·중·러 국경의 3자 회담 지점이 '국경 관광'의 명소가 되었기 때문이다. 구체적으로 전투지와 기념관 양쪽 모두에 매우 가까운 팡촨昉川(그림 1)이라는 장소를 중심으로 관광이 이루어지고 있다. 팡촨의 삼국 국경 전망대로 가는 관광 일정에 기념관 방문이 흔히 포함되어 있다. 관광객이 기념관에 입장하면, 1938년 사건보다 더 많은 이야기를 들을 수 있다는 점을 쉽게 알 수 있다. 기념관 입구 바로 안쪽에는 두 개의 대형 패널이 설치되어 있다. 이 패널들은 개인적인 경험상으로는 거의 인지할 수 없는 정보들, 즉 양측의 손실, 상대적 군사력, 군대 배치 등의 전투와 관련된 다양한 사실과 수치를 건조하면서도 상세하게 설명해 준다. 그러나 전체 전시물은 "민족정신을 세우고 중국의 꿈을 강화하라铸民族魂, 强中华梦"는 굵고 붉은 현수막 아래 배치되어 있는데, 이는 소련과 일본의 전쟁 기록과는 다소 차이가 난다.

그림 4_ 중국 장고봉사건기념관의 중국의 꿈 현수막

이는 중국의 기념관이 중국이 당시에 지배하지도, 중국 군대가 관여하지도 않았던 영토분쟁을 다루기 때문에 필연적으로 초국가적이고 초시간적인 역사 접근법을 채택할 수밖에 없다는 점을 반영하고 있다. 기념관의 내용을 이해하기 위해서는 시공간의 경계를 모두 뛰어넘어야 한다. 이를 통해 우리는 기념관의 전시품들 사이에서 반복적으로 나타나는 두 가지 핵심 주제를 인지할 수 있는데, 이는 오늘날 국가적 기억이 지역화되는 방식을 명확히 보여준다. 즉, 기념관 내용의 상당 부분은 러시아와의 유대관계, 중화인민공화국의 광범위한 지역적·세계적 야망, 특히 이 만주의 외딴 지역이 가진 해상 접근의 중요성과 관련이 있다. 이를 종합해 보면, 두 갈래의 주제는 모두 중국 동북부의 문제, 즉 오늘날 이 지역의 역사와 기억이 전략적 목적을 위해 더 광범위한 국가 서사 속에서 활용되고 있는 방식을 보여준다.

하산/장고봉 유산을 규정하는 방식 중 많은 부분은 오늘날 중국과 러시아가 공식적으로 우호적인 관계를 유지하고 있다는 사실을 상당 부분 반영하고 있다. 국경 마을 훈춘 현지에 가면, 중·러 정기 문화행사부터 도처에 편재하는 블라디미르 푸틴 대통령과 시진핑 주석이 웃으며 악수하는 이미지까지 21세기 '우호'의 새로운 시대를 다양한 방식으로 축복하는 모습을 볼 수 있다. 이에 맞춰 기념관은 흔히 러시아인과 중국인 사이의 문화적, 개인적 공감을 장려하는 것처럼 보인다. 대표적 사례가 건물 밖에 걸린 나뭇잎 장식 현판들이다. 이 현판들은 위에서 언급한 알렉세이 마할린의 전투를 포함한 소련 붉은 군대의 영웅적 행위들을 강조한다. 이 전시는 소련의 용맹함을 묘사함으로써, 일본에 비해 러시아를 선호한다는 점을 상징적으로 보여줄 뿐 아니라 관람객에게도 공감을 불러일으킬 수 있다. 문학자 응마우싱吳茂生이 지적한 바와 같이 '러시아 영웅' 상은 혁명 전후에 걸쳐 중국 작가의 '러시아풍' 작품이나 러시아 문학 번역서를 통해 중국 문화에 오랫동안 영향을 미쳐왔다. 따라서 마할린과 같이 겸손하면서 지역의 영웅적 인물들은 오랫동안 중·러의 문화적 공감을 직접 불러일으키는 매력적인 인물이었다.

기념관의 전시 중 문학적 인물들만 문화적으로 공감을 얻는 것은 아니다. 소련의 역할에 대해서는 긍정적이지만, 지난 10년간 중국과의 관계가 경색되어 온 일본에 대해서는 부정적인 입장을 보여주는 증거도 분명히 보인다. 또한, 건물 밖의 중국식 기와지붕이 덮인 화려한 예술 작품은 러시아의 전쟁 시기 인기곡이었던 〈카추샤〉가 어떻게 하산/장고봉에서 영감을 얻었는지를 기술하고 있다. 이는 당시 전투가 대중문화에 남긴 장기 유산을 가리킨다. 이 노래는 전 세계에 다양한 언어로 번역되어 있는데, 이는 냉전 시대와 그 이전 시기의 소련의 문화 작품들이 초국가적으로 확산되었다는 사실을 보여주는 증거이다. 그러나 러시아 군대 역사에서 〈카추샤〉의 중요성과 중-소 관계에서 이 노래의 역할은 특히 강력하다. 중국 동북부 전역과 마찬가지로 훈춘에서도 중국어 번역 명칭인 〈카튜샤喀秋莎〉는 최근까지 가장 인기 있는 중-소 가라오케 고전 타이틀을 놓고 〈모스크바 나이트

Podmoskovnye vechera; 莫斯科郊外的晚上〉와 경쟁하고 있다. 중-러 국경 지대의 클럽에서 카페까지 어디에서나 경쾌하지만 구슬픈 이 노래가 흘러나온다. 현지 연구 중에 만난 예카테리나라는 이름(카티야와 카츄샤를 축약해 스스로 자기 이름을 작명한 것)의 훈춘의 러시아인 친구는 그 노래가 도처에서 흘러나오는 것에 짜증을 내며, 중국인 친구들이 이를 가지고 그녀를 놀리는 것을 불쾌해했다.

〈모스크바 나이트〉나 여타 20세기 고전과는 달리 〈카츄샤〉는 하산과 직접 연관되어 있다고 널리 알려져 있다. 시인 미하일 이사코프스키가 하산에 참전했던 장군의 부인을 기리기 위해 러시아어로 가사를 썼기 때문이다. 이 노래의 기원과 관련해 장고봉사건기념관은 이 이야기를 다소 상세하게 중국어로 설명하고 있다. 이사코프스키가 "전투에 참가한 극동 국경수비대에게 경의를 표하기 위해" 노래 가사를 썼고, 노래 속 '아름다운 여인' 카츄샤의 존재는 "매력적인 극동 국경수비대에게 아름다운 사랑을 바치는" 시인 이사코프스키의 마음을 보여준다. 그러나 구체적인 배경 이야기가 무엇이든, 이것은 국가적 기억과 역사적 중요성이 지역화되는 방식을 보여주는 증거이다. 러시아의 영웅적 인물의 등장과 마찬가지로 여기에서도 과거의 '우호적인' 중-소 분위기를 향수 속에서 공명함으로써 현대 국가의 주요 과제에 기여하고 있다.

따라서 〈카츄샤〉에 향수 어린 관심을 가지는 일과 소련군 병사를 통해 국경에 가치를 부여하는 일은 시공간적 경계를 뛰어넘는 한 가지 방법이며, 이를 통해 중국은 현재 러시아와의 우호 관계에 대한 서사를 이 지역의 문제로 간주하게 만들려고 한다. 기념관 건물 내부로 화제를 돌려보면, 장고봉의 유산이 호출되는, 더 중요하지는 않지만 똑같이 중요한 현대적 목적을 볼 수 있다. 한 전시품은 표면상 전투의 발단을 기술하면서, 아이훈 조약(1858)이나 베이징 조약(1860) 같은 중-러 국경선을 나눈 19세기 조약을 상당히 길게 조명하고 있다. 불분명한 국경선은 1930년대 소-일이 서로를 적대시하는 계기가 되었다. 그러나 이러한 설명은 장고봉의 배경 설명보다 훨씬 많은 것을 의미한다. 왜냐하면 이러한 조약이 논의되는 곳이면 어디든 중국인이 인식하는 이 조약들이 초래한 영토 변화의 역사적 부당성과 조약들 간의 명확한 연결 고리가 형성되기 때문이다. 여기서 특히 중국인이 화를 내는 부분은 청-러 조약을 기점으로 만주 동부에서 해상 접근이 차단되었고, 이것이 장고봉전투 동안 일본 해군이 두만강 하구를 해상 봉쇄하면서 굳어졌다는 점이다.

따라서 사실 맑은 날엔 팽촨에서 동해가 보이지만, 1930년대 전투 기념관 전시 중 상당 부분은 좌절된 바다를 향한 시선, 그리고 훈춘과 중국의 정체성을 최근 관심의 중심에 두고 있다. 특히 1980년대 이후 동북지방의 국영 중공업 개혁이 시작되면서 중국 동북부지방 경제가 전반적으로 쇠퇴하는데, 이를 배경으로 이 만주의 한 구석은 지방 경제 재건과 중화인민공화국의 역할 확장을 기대해 볼 수 있는 핵심 장소로 탈바꿈되었다. 또한, 중국-러시아-북한의 삼중 국경지대 관광 붐이 일어난 것도 일부 배경이 된다. 훈춘 및 인근 지역들은 동북부와 그 너머 이웃 국가로 들어가는 물류 허브이자 네트워크의 중심지로도 간주되었다. 그럼에도 바다에 접근하기 위해서는 러시아나 북한의 국경을 넘어야 한다는 점이 핵심적이다. 따라서 '두만강 항해 전시'(그림 5)라는 이름이 붙은 장고봉사건기념관의 한 전시실에는 인근 팽촨 관광탑에서 바라본 삼국의 전경을 찍은 대형 사진이 걸려 있다. 이 사진에는 "보이지만 얻을 수 없는可望不可及" 상태의 바다이지만, "매혹

그림 5_ 팽촨의 전경, 중국 장고봉사건기념관

적魂牽梦绕"이라고 기술한 글이 적혀 있다.

이 전시는 이 기념관이 장고 봉사건을 통해 드러내는 중-러의 초국가적 관심과 차이나 드림China Dream과 같은 원대한 공식적 서사의 지역화를 이해하기 위해 필요한 맥락을 제공한다. 1938개의 파편으로 만들어진 그래픽 전시가 표현한 것처럼(그림 6), 어떤 면에서 이 기념

그림 6_ '증언' 전시, 중국 장고봉사건기념관

관은 과거의 사건을 '증언해 주는' 중첩된 역사를 되돌아보는 것에 관심이 있는 것처럼 보인다. 그러나 여기에서 핵심적인 것은 상이한 전망인 것 같다. 보는 것見이 아니라 기대하는 것望이다. 80년 전 소-일이 싸웠던 곳에 공간적 경계가 만들어지면서 닿을 수 없게 된 바다를 팽찬에서 바라보는 시선은 현재 중국 땅에 켜켜이 새겨진 과거를 앞으로 전진시켜가야 할 미래를 향하는 시선이다. 이것은 또 다른 장기적 경향과 비교가 된다.

동북아시아 공통의 기억

중-소 간 우호 분위기, 러시아의 영웅주의, 잃어버린 해안 접근권에 대한 주장을 굳이 언급하지 않더라도, 하산호/장고봉전투와 거의 관련이 없었던 국가인 중국이 장고봉전투의 유산을 논하고 기념하는 데 가장 많이 관여하고 있다는 사실에는 분명 중요한 역사적 울림이 있다. 사건이 펼쳐지던 정확히 1930년대 후반, 당시 중국인이 이곳에 거의 살지 않았음에도 중국은 복잡하고 다층적인 만주사변을 중국의 다른 지역에 알리려고 노력했다. 결국, 국내에서의 집단적 지역적 경험, 그 기억이 국가적 목적을 위해 사용된 것은 21세기가 처음이 아니다.

만주국 시대(1932~1945)에 일본이 세운 괴뢰 정권은 중국어를 '만주국어'로 재분류하고 현지 한족 문인 작품과 타 지역의 문인 작품 간의 관계를 부정하는 조치를 통해 이 지역을 중국에서 떼어내기 위해 열심히 노력했다. 역사학자 라나 미터Rana Mitter가 지적했듯이, 이에 대항해 당시 중국은 만주사변이 중국의 다른 지역과 관련되어 있다는 점을 강조하였다. 이는 문화 영역에서는 동북부의 중국문학 작품을 장려했고 반일 군사 저항을 지원하는 방식으로 이루어졌다. 나아가 1949년 이후에도 중화인민공화국의 선전 기관은 이 지역에서 중국 공산당의 역할을 과장하는 방식으로 이러한 활동을 이어갔다. 사실 만주가 청제국의 지배를 받았고 이후 일제 식민지였다는 사실에도 불구하고, 여러 가지 면에서 중국의 다른 지역과는 분리된 영역이었기에 만주 '중국인'을 만들어내는 일은 오랫동안 중국현대사에서 중요한 서사이자 정치적 과제가 되어 왔다.

이러한 양상은 특히 하산/장고봉사건이 발생한 만주 동남쪽 한구석에서 두드러지게 나타난다. 논의한 바와 같이, 중화인민공화국은 말할 것도 없고 '중국'으로 인식할 수 있는 무언가와 미미한 관계만을 가진 많은 사건들은 러-청 조약들, 대부분 조선인으로 이루어진 인구 구성, 일본 점령의 역사와 합쳐진다. 이렇게 뒤얽힌 유산들은 오늘날 러시아, 일본, 남북한에서 지속되고 있는, 그 사건을 둘러싼 난해하고 정치적으로 중첩된 기억 속에 반영되어 있다. 그러나 현대 중국 정치는 러시아와의 우호적인 관계에 대한 서사를 지역적으로 만들어내야 할 필요를 느끼고 있다. 그리고 바다에 접근함으로써 얻어지는 정치적, 상업적 기회를 갈망하는 시선을 투사하고 있다. 따라서 문제가 많고 다층적인 과거들은 현재 국가의 주요 과제에서 밀려나고 있다. 다른 곳과 마찬가지로, 이 동북아시아의 접촉지대는 시공간적 차원을 모두 가지고 있다. 즉, 지금의 생각에 맞춰 중국 전체와 연관성이 있다는 점을 주장하기 위해 과거의 사건과 경계 공간을 재평가하는 작업이 요구되는 것이다.

〈카추샤〉 노래의 폭넓은 인기에 주목한 장고봉사건기념관의 전시는, 흥미롭게도 제2차 세계대전 동안 이 초국가적인 선율이 소련군과 독일군 모두에게 알려졌을 것이라는 사실과 모순적이다. 현수막에는 "여기에서 당신이 볼 수 있듯이 사랑은 영원永恒하며 국경이 없다沒有国界"고 적혀 있다. 오늘날 하산/장고봉의 초국가적 역사를 둘러싼 시공간적 경계가 바로 여기에 얽혀 있는 것이다. 그리고 이는 동북아시아에서 공통의 기억이 현재 사용되는 방식을 보여주는 대단히 주목할 만한 사례이다.

번역 : 오창현(국립민속박물관 학예연구사)

참고자료

笠原孝太, 『日ソ張鼓峯事件史』, 東京 : 錦正社, 2015.

Mitter, Rana, *The Manchurian Myth : Nationalism, Resistance, and Collaboration in Modern China*, Berkeley, CA : University of California Press, 2000.

Ng, Mau-sang, *The Russian Hero in Modern Chinese Fiction*, Hong Kong : The Chinese University Press, 1988.

Park, Hyun-Gwi, *The Displacement of Borders among Russian Koreans in Northeast Asia*, Amsterdam : Amsterdam University Press, 2017.

Pulford, Ed, "From Earth to Ocean : Hunchun and China's Ambivalent Maritime Past", *Asian Perspective* 40, 2016.

Richardson, Paul B., *At the Edge of the Nation : The Southern Kurils and the Search for Russia's National Identity*, Honolulu, HI : University of Hawaii Press, 2018.

Schmid, Andre, edited by Diana Lary, "Tributary Relations and the Qing-Chosun Frontier on Mount Paektu", *The Chinese State at the Borders*, Vancouver, BC : University of British Columbia Press, 2007.

당대唐代 접경공간 삼수항성三受降城

당-돌궐 간의 접경공간, 삼수항성

중국의 역대 왕조 가운데 원元이나 청淸 등의 정복 왕조는 보통 국경선을 상징하는 장성을 축성하지 않았다. 한족 왕조 중 송宋과 당唐은 장성을 축조하지 않았는데, 당이 북방의 유목국가와 남방의 농경국가를 구분 짓는 국경선이자 인공 장벽인 장성을 수축하지 않았다는 것은 이례적 사례로 손꼽힌다. 하지만 당 시기에 주변국가와 국가를 구분 짓는 군사상 방어시설이 부재했던 것은 아니다. 비록 한漢이나 명明과 같이 고정불변한 장성을 축성하지는 않았지만, 당의 국경이 있던 변방 지역 50여 개 변주邊州에는 수많은 변성邊城과 군성軍城이 조성되었고, 그 성곽을 둘러싸고 군사시설물이 즐비하게 배치된 것은 당이 국경의 운영과 관리를 매우 중요시했음을 반증한다. 이 가운데 당대 강역 확장이 최고조에 달했던 시기에 축성된 삼수항성은 주목할 만하다.

그림 1. 당대 시수항성 유적

삼수항성이란 708년 장인원張仁愿이 오르도스河套 북쪽의 황하 북안에 축조한 3채의 성루를 가리킨다. 오르도스 지역은 한자로 '궤几'자 모양의 안쪽에 위치하고 있는데, 황하는 이 오르도스의 외곽선을 따라 선회하며 흐르고 있다. 삼수항성 3채의 성채 중 서수항성은 황하물줄기가 '几'자의 서쪽 하단(오늘날 난주蘭州)에서 북상하여 동쪽으로 거의 90도 각도로 굴절 선회하는 지점인 황하 북안 서북쪽 모서리 부근에 위치하고 있으며, 동수항성은 서에서 동으로 흐르다 물길이 다시 남쪽으로 90도 굴절하는 황하 북안 동북쪽 모서리 부근에 자리잡고 있다. 그리고 서수항성과 동수항성의 중간지점(풍주豐州와 승주勝州의 경계)에 중수항성이 위치한다. 서수항성, 중수항성, 동수항성의 각 성채 간 거리는 400리이다. 삼수항성의 군사적 관할 지역은 동서뿐만 아니라, 삼수항성을 기점으로 북으로 300여 리에 위치한 우두조나산牛头朝那山, 오늘날 황하 북쪽 동서로 이어지는 음산산맥陰山山脈 자락의 북쪽 지역까지 이어진다. 이들 지역에는 1,800여 곳의 봉수대가 설치되었다. 성채와 봉수대 등 군사기지와 군사시설물들이 마치 부챗살처럼 펼쳐졌고, 동시에 병력배치, 물자수송 및 군량보급 등 일련의 제도적 장치가 마련되었다.

국경선 문제는 돌궐 항호降胡의 안치와 기미부주羈縻府州의 위치, 제2 돌궐제국과 당의 충돌 지역 및 국경선의 확대 여부를 가늠하는데 반드시 짚고 넘어가야 할 중요한 문제이다. 특히, 황하 북안에 위치한 풍주가 당이 설치한 정식 주인지, 그리고 제2 돌궐제국 건립 이후 당이 설치하였다는 도독부와 도독이 실제 업무를 담당하였는지 밝히는 것은 당시 국경선을 이해하기 위해 우선적으로 해결해야 할 문제이기도 하다. 따라서 이 글에서는 이를 바탕으로 돌궐이 당의 국경선을 넘어가는 루트를 추적하려 한다. 사실 제2 돌궐제국 시기 돌궐은 전방위적으로 중국 국경을 침범하였다. 그렇다면 왜 다른 지역이 아닌 오르도스 황하 북안에 삼수항성을 축성했는지에 대한 설명이 필요하다. 또 국경의 군사시설은 군성軍城 하나만으로 작동할 수 없다. 군성이 봉수烽燧나 유혁游奕 등 부대 군사시설과 긴밀한 공조관계를 유지하지 않고서는 광활한 변경 지역을 감당하기 역부족이다. 군성과 봉수대의 관계에 대해서는 기존에 어느 정도 접근이 있었지만, 삼수항성의 봉수대와 유혁사游奕使의 관계 및 상호 공조체계에 대해서는 특별하게 다루어지지 않았다. 마지막으로, 삼수항성이 후대 사람들에게 어떻게 국경의 상징물로 기억되고 있는지를 살펴보려 한다. 국경으로서의 삼수항성은 주로 한족왕조 이후의 문인들에게서 나타나는데, 여기에서는 주로 송과 명의 문인들이 삼수항성을 어떻게 기억하고 있는지 살펴보려 한다.

당 초기 당-돌궐 간 국경선으로 — 황하와 풍주의 존치 여부

당의 국경선은 대외관계의 형세 변화에 따라 다양하게 변화하였다. 당은 서역으로 세력을 확장했던 것과는 다르게, 북방 지역으로는 거의 확장하지 않았다. 708년 삼수항성이 축성되기 이전까지 당은 황하를 중국과 주변 유목국가와의 고정된 국경선으로 간주하고 있었다. 여기에서는 중국과 돌궐과의 국경선을 이해하기 위해서 오르도스 이북에 위치한 황하유역 지역만 살펴보고자 한다.

당 초기 북쪽 지역 국경문제에 대해 당 왕조가 논의한 직접적 사례는 현재 확인되지 않는다. 다만, 당에 투항한 항호의 안치 지역 선정문제에서 국경에 대한 언급을 적지 않게 찾아 볼 수 있다. 정관貞觀 3년(629) 호부戶部의 보고에 따르면, 당시 중국인 가운데 국경 밖에서 돌아와 귀환한 내국인과 투항한 돌궐인이 대략 남녀 120여만 명이었다고 한다. 이는 정관 연간 인구수(12,351,681명)의 10%에 상당한다. 이 중 적지에서 돌아온 내국인 귀환자와 외국인 투항자의 정확한 비율을 계산할 수는 없지만, 토욕혼, 소그드, 말갈, 장가 등 항호를 제외하고 동돌궐에서 당에 투항한 기사는 다음과 같다.

- 무덕武德 6년(623) 욱사설郁射設의 소속부락 1만 장막(5만여 명)
- 정관 3년 돌궐의 사근俟斤 9인이 거닐고 투항한 3천 기병
- 정관 4년(630) 음산에서 붙잡은 돌궐포로 1천여 장막(5천여 명)
- 이정李靖이 포로로 잡은 남녀 10여만 명, 힐리頡利 예하 대추장들이 인솔해 투항한 5만여 명, 아사나 사결思結이 이끌고 투항한 4만 명
- 동돌궐이 멸망하면서 당에 투항한 10여만 명

유목민의 장막을 1장막당 평균 5명 정도로 계산하면 35만 명

정도가 투항한 것으로 추정된다. 그렇다면 아사나소니실阿史那苏尼失이 투항한 후 돌궐의 근거지인 "막남漠南의 땅이 텅 비게 되었다"는 기록이 그리 과장되어 보이지 않는다.

한편 630년에만 25만 명이 투항했다 하니, 투항자들의 처리문제는 당 조정으로서도 큰 부담이 되었을 것이다. 항호의 안치 장소 선정과 관리문제를 둘러싸고 다양한 논의가 전개되었는데, 황하 이내 변경 지역으로 안치할 것인가 아니면 황하 밖에 둘 것인가, 그것도 아니면 내지 정주正州 지역에 둘 것인가 등 세 가지 의견이 제시되었다. 우선 조정의 대부분의 인사들은 당시 하남도河南道의 연주兗州와 예주豫州 사이인 내지 정주 지역으로 이주시킬 것을 주장했다. 반면 온언박溫彦博은 후한 광무제가 항복한 흉노를 변방 아래 지역에 안치한 것처럼 황하 이남 지역에 배치하고, 토지와 풍속에 적응시키면서, 비어있는 땅을 채우고, 중국의 방어 울타리로 삼을 것을 주장한다. 온언박이 말하는 '하남'은 오르도스 지역으로, 즉 그는 황하 이남을 변경 지역으로 규정하고 있는 것이다. 사실, 온언박은 이전에 당고조가 돌궐의 변경 약탈에 대한 대비책을 주문했을 때, 황하 연안에 긴 참호를 파서 방비하자는 의견을 제시한 바 있었다. 이 입장을 종합하면, 온언박은 중국인이 살지 않는 황하 이남 오르도스 변방 지역을 동돌궐이 멸망한 이후에도 아직도 국경선으로 여기고 있음을 반증한다. 마지막으로, 위징魏徵, 안사고顏師古 등의 주장은 또 달랐다. 둘의 구체적인 주장은 차이가 있지만, 모두 돌궐항호를 황하 이북 지역, 즉 국경 밖에 두어야 한다고 주장하고 있다. 안사고의 주장은 돌궐과 철륵인을 황하 이북에 거주시키고, 그들의 추장에게 부락을 관장하게 하는 것이고, 위징은 새外 ^{塞外} 즉 황하 이북 그들의 고토 ^{故土}로 돌려보낼 것을 주장했다. 안사고와 위징의 입장은 온언박과 다르지만, 이 둘이 오르도스 이북의 황하 물줄기를 당과 돌궐의 국경선으로 인식하고 있었음을 알 수 있다. 논쟁 결과 당 태종은 온언박의 주장을 수용하여, 돌궐 항호를 오르도스 중부 서쪽 황하 부근의 영주 ^{靈州}에서 유주 ^{幽州} 지역에 이르는 변방 지역에 분산 배치하고, 그 수장들을 6개 도독부와 6개 기미주의 도독과 자사 ^{刺史}로 삼았다.

그런데 이 과정에서 온언박이 제시한 항호 처리 원칙과 배치된 도독부가 등장하는데 훗날 서수항성이 위치할 지역에 설치된 풍주도독부 ^{豊州都督府}였다. 돌궐 항호를 관리하는 정양도독부와 운중도독부 등은 당시 당제국 강역 안쪽의 정주였지만, 풍주도독부는 당 내지의 정주로 보기에는 석연치 않은 구석이 한두 가지가 아니다. 우선 풍주는 온언박이 말한 오르도스가 아닌 황하 북안에 위치하고 있다. 황하 북안에 있는 풍주에 항호를 배치했다는 것은, 그들을 황하 이북 돌궐의 옛 부락으로 돌려보내는 것이므로 당태종이 위징의 의견을 일부나마 수용한 셈이 된다. 그러나 만약 당태종이 당시 위징의 주장을 일부라도 수용했다면 639년 돌궐 항호가 당태종을 습격한 '구성궁 ^{九成宮} 습격사건'이 발생한 후, 그들을 중국 내지에 안치시킨 일을 후회하지는 않았을 것이다. 두 번째, 도독부와 자사는 온언박의 건의에 따라 그 소속 부락 출신의 수장에게 맡겨져야 했는데, 당시 임명된 풍주도독은 동돌궐 출신이 아닌 수隋 말 서돌궐 출신의 부락수장인 사대내思大內였다. 이는 항호 부락을 온전하게 유지하도록 보장한다는 온언박의 주장과 당태종의 항호 부락 수장 관직 수여라는 원칙에도 상치된다. 또한, 당시 풍주도독에는 한호漢戶는 없고 투항한 번호蕃戶만 존재했는데, 이들은 갓 투항한 사람들이었기 때문에 '생업을 주고, 예의로 교화를 시키고, 수년이 지난 후에 모두 우리의 백성으로 삼는다'는 온언박의 기준과도 거리가 있었다. 교화되지 않은 사람들을 투항하자마자 바로 중국 내지의 한호로 간주하고 이곳에 정주를 설치했다고 주장하기는 힘들다. 풍주는 정관 11년(637) 사대내가 사망하자 도독부가 폐지되었는데 일개 자사의 사망 이후 하나의 정주가 폐지되었다는 것은 납득하기 힘들다. 또한 630년 풍주를 설치한 후 폐지된 8년 동안 풍주와 풍주도독의 행적에 대한 관련 기록을 사서에서 찾을 수 없는 것도 풍주를 정주라고 생각하기 어렵게 한다.

그렇다면, 당시 설치된 풍주도독은 어떤 성격의 도독부였을까. 앞서 살펴보았듯이 당시 당 조정은 황하를 당의 변경과 돌궐의 국경선으로 간주하고 있었다. 그렇다면 630년에 설치된 풍주는 국경 밖에 설치된 기미도독부일 공산이 크다. 비록 내지의 국경부근에 설치된 것은 아니지만, 풍주 도독의 관리대상이 여타의 기미도독과 마찬가지로 항호들만으로 구성된 점, 항호의 생활 터전과 풍습에 부합한 환경조건을 갖춘 국경 밖 그들의 고토에 설치된 점, 황하 북안에 위치하고 있어 외부의 침입을 방어할 완충지대가 되기에 충분한 점 등 풍주는 당 초기 기미부주로서의 요건을 두루 갖추고 있기 때문이다. 다만 내지의 기미주와 다르게 풍주도독은 변경 밖에 설치되었고, 항호 부락 수장 출신이 도독 직무를 맡지 않는다는 점에서, 풍주는 '새외' 기미부주로 부르는 것이 좀 더 합리적이라 할 수 있다. 그러나 이 도독부가 실제로 작동하였는지 여부를 좀 더 따져볼 필요가 있다. 우선 돌궐 부흥기인 영융永隆 연간(679~682)에 정무政務挺은 '검교풍주도독檢校豊州都督'이었는데, 여기에서 '검교'란 실질 업무를 수반하지 않는 비정식 관원이나 '가관加官'에 붙여지는 것이 일반적이었다. 정무정이 '검교' 직함을 달고 있었다는 것은 자사의 실무를 실제로 수행하지 않았을 가능성이 높다는 것을 보여주고 있다.

708년 삼수항성이 축성되기 이전, 정식 풍주도독부라고 할 수 있는 유일한 것은 683년 도독직을 수행한 최지변崔智辯이 부임한 시기로 보인다. 그런데 최지변은 풍주도독으로 부임하자마자, 풍주를 포위 공격한 돌궐에 맞서 싸우다가 조나산에서 전사하였고, 그 후속 조치로 풍주의 존치와 폐지 문제가 불거졌다. 그런데 683년부터 690년 동안 루사덕婁師德이 '검교풍주도독'에 임명될 때까지 어느 누가 풍주도독에 임명되었는지에 관해서는 어떠한 사서의 기록도 존재하지 않는다. 이는 해당 기간 풍주도독을 공석으로 남겨 두었거나 풍주도독의 폐지를 반대했던 당휴경 唐休璟이 도독부 존치 의견을 제기한 것이 690년 무렵일 수도 있다. 그러나 만약 도독부를 공석으로 남겨두었다면 풍주를 당이 직접 관리하지 않는다고 말하는 것과 마찬가지이고, 루사덕 역시 정무정과 마찬가지로 실제로 직무를 수행하였는지를 살펴보아야 한다. 루사덕는 당시 좌금오장군左金吾將軍이었다. 해당 직위는 종3품관으로 수도에서 조정의 업무를 보는 관직인데, 조정의 관리가 변방의 도독 직무를 현지에서 실제 수행하는 것은 있을 수 없는 일이다. 따라서 그에게 임명된 '검교풍주도독'은 정무정의 경우와 같이 실직 관직을 수반하지 않은 '가관'으로 보는 것이 합리적이다. 이를 종합해 보자면 708년 삼수항성이 축성되기 이전 오르도스 북쪽 황하 물줄기가 당과 돌궐을 구분하는 국경선으로 기능했음을 추리할 수 있다.

돌궐의 중국 공격과 황하 이남 오르도스의 위기

제2 돌궐제국(682~745)이 건립된 이후, 돌궐의 당 침탈은 북방 변주 지역에서 전방위적으로 진행된다. 특히 묵철카한이 재위하는 792년 이후부터는 기존의 침략 루트를 일부 유지하면서도, 오르도스 대부분이 돌궐의 공략 대상이 되는 전략적 수정이 이루어진다.

630년 돌궐이 투항한 후, 초기 당의 기미부체계는 안정적으로 유지되었다. 비록 639년 구성궁 사건 등으로 돌궐 항호 10여만 명을 황하 너머로 이주시키는 일도 있었지만, 설연타薛延陀가 사라진 이후 "영위 연간(650~655) 이후 거의 30년 동안 북쪽 변방에는 아무 일도 없게 되었다"고 할 정도로 돌궐에 대한 당의 기미부체계가 순조롭게 작동되었다. 그러나 679년 돌궐의 부흥운동과 제2 돌궐제국의 건립으로 당의 돌궐에 대한 기미부체계는 무너진다.

돌궐제국이 재건된 이후 묵철카한이 재위에 있는 동안, 돌궐은 화친이나 교역보다는 군사적 수단을 통한 약탈을 선호했다. 돌궐 비문 자료에서도 그들은 중국 침략을 과시의 대상으로 간주한다. 비문은 그들의 침략 지역을 구체적으로 적시하고 있지는 않지만, 서쪽으로 철문관鐵門關에서 남동쪽으로 산동평원, 남쪽으로 황하구곡에 이르렀다는 대략적인 윤곽은 알 수 있다. 사서에 따르면 682년 제2 돌궐제국 건립 이후 708년 당의 삼수항성 축성 이전까지 돌궐은 당제국을 수시로 침탈한다. 돌궐의 중국 침략과 약탈 지역의 분포를 살펴보면, 당 북방의 변경 지역에 설치된 대부분의 변주邊州 지역이 포함되어 있다. 738년 출간된 『당

육전』변주 관련 조항에 의하면, 당시 변주는 50개 정도가 있었다. 50개 변주 가운데 당의 동북쪽인 거란과의 경계에서부터 황하를 둘러싼 오르도스 외곽선의 남서쪽 하단에 이르는 변주를 순차적으로 나열하면 안동도호부, 평주, 영주營州, 단주, 규주, 울주, 삭주, 운주, 단우도호부(혹은 안북도호부), (풍주), 흔주, 대주, 람주嵐州, 승주, 염주, (하주), 영주靈州, 회주, 양주涼州 순이다. 이 가운데 괄호 안에 있는 안북도호부와 풍주는 삼수항성 설립 이후 오르도스 이북 황하 북안에 설치된 것이기 때문에 당시 돌궐과 마주하고 있는 변주는 17개 주가 되는 셈이다. 여기에, 730년 이전까지 변주였던 하주를 추가시키면 당과 돌궐이 대치하는 변주는 18개 주가 된다. 동쪽의 거란과 대치하고 있는 안동도호부와 평주 두 개 주를 제외하고, 683년부터 삼수항성 건립까지 당의 15개 변주가 예외 없이 돌궐의 침략 대상이 되었다. 동북단으로 영주營州와 가까운 유주 속현인 창평과 돌궐이 태행산맥과 산동평원 방향으로 침략하는 원정대의 처음 통과 지점이 운주인 점을 감안하면, 당의 북방 변주 지역 전역이 돌궐의 약탈장이자 당군과의 공방이 연례행사로 벌어지는 전쟁터로 변한 것이다.『구당서』의 관련 기사에 의하면, 699년부터 돌궐의 변경 침략이 해마다 일어났다고 하는데, 실제로 돌궐제국 재건 이후 총 25회가 확인되는 만큼, 705년까지 평균 1년 1회 이상의 약탈 전쟁이 벌어진 셈이다. 돌궐 비문에 중국침략의 전리품으로 묘사된 산동평원은 중국 입장에서 상대적으로 안전하다 할 수 있는 내지 정주인 조주와 정주定州를 가리키며, 남쪽 에르신(황하구곡)은 앞서 살펴본 당과 돌궐의 실질적 국경선으로 오르도스 북쪽에 위치하면서 서에서 동으로 흐르는 황하 물줄기를 지칭한다.

돌궐의 당에 대한 공격 루트는 692년 묵철카한의 등극으로 확연히 구분된다. 692년 이전에는 서쪽 황하 북안에서 동쪽으로 태행산맥 북단 수隋 장성 북쪽 지역을 거의 일직선상으로 가로지르는 동서 횡단 루트와 태행산맥에 위치한 변주 지역과 산맥을 관통하여 산동평야 일대에 이르는 동남동 루트가 주요 침략 루트였다. 동서 횡단 루트의 침략 대상이 된 당의 변주는 풍주, 선우도호부, 운주, 울주, 단주였고, 동남동루트는 삭주, 남주, 대주, 흔주 등 변주와 태행산맥 넘어 조주와 정주 등이 해당된다. 그러나 692년 이후에는 동서 횡단 루트를 통한 공격을 중단하고, 태행산맥 방향의 동남동 루트를 유지하면서, 황하를 남하하여 오르도스 지역을 동서남북으로 종횡하는 오르도스 루트를 새롭게 선보인다. 묵철카한은 등극 이후 693·694년 잇달아 오르도스 복판 서쪽에 위치한 영주靈州를 침략하였고, 696년 서역으로 나가는 하서회랑의 입구인 양주를 약탈하였으며, 697년 오르도스 복판 서쪽과 동북쪽에 위치한 영주靈州와 승주를 잇달아 공략한다. 돌궐은 손만영孫萬榮·이진충李盡忠의 반란을 틈타 풍주, 승주, 영주, 하주, 삭주, 대주 등 여섯 주에 안치되었던 돌궐 항호와 종자,

곡식 및 농기구 등을 요구하여, 돌궐 항호 수천 장막, 곡식 종자 4만여 석, 채단 5만 단 및 농기구 3천 개, 철 4만 근을 획득하는 성과를 거두게 된다. 그 결과 태행산맥 넘어 산동평야 한복판인 정주와 조주까지 진격해 남녀 1만여 명(혹은 7~9만 명)을 몰살시키는 등 호전성을 과시하면서, 군사 40만 명에 1만 리의 땅을 차지한 대제국으로 성장하게 된다.

돌궐은 세력이 막강해지자 오르도스 루트를 통한 중국 침략에 더욱 중점을 두게 된다. 돌궐 비문에 의하면, 700년(혹은 701년) 돌궐은 오르도스 한복판을 동서로 가로지르는 하주와 염주 사이의 육호주六胡州로 진격하고, 5만 당군과 교전하여 승리했다. 같은 해 겨울에는 당의 수도 장안으로 들어가는 길목인 농우 지역에까지 진출해 당의 국영목장에 있는 1만여 필의 군마를 탈취한다. 702년에도 영주靈州와 하주 등 오르도스 지역을 거듭해서 침략하고 있다. 급기야 706년 돌궐은 오르도스 남서쪽에까지 진출하여 영주靈州와 회주會州 중간 지점에 위치한 명사현鳴砂縣에서 대규모 교전이 벌어진다. 이 전투에서 돌궐군은 당군 6천여 명(혹은 1만여 명)을 살해하고, 그 여세를 몰아 남쪽으로 회주, 동남쪽으로 원주原州까지 진격한다. 이 명사현 전투의 승리와 돌궐의 원주 침략은 전례 없는 사건이었다. 이로써 황하로 둘러싸인 오르도스 전 지역은 돌궐이 마음만 먹으면 언제든지 침략할 수 있게 되었다.

삼수항성 축성과 그 영향

돌궐의 침략과 약탈로 인해 수도 장안까지 위협을 받게 된 당은 돌궐에 대한 근본적인 대책을 강구해야 했다. 그 대책이 바로 708년 장인원의 건의에 의해 건립된 삼수항성이다.

명사현에서의 패배는 변주 지역이나 장안과 멀리 떨어진 태행산맥이나 산동평야에서 벌어졌던 기존 약탈과는 비교할 수 없을 정도로 충격적인 사건이었다. 따라서 당 중종中宗은 기존 돌궐과의 화친관계를 끊고 묵철카한의 수급首級에 재물 2천 단의 현상금을 걸고, 왕의 작위 수여와 제위대장군諸衛大將軍으로의 특진 포상을 내세운다. 아울러 돌궐을 격파할 대책을 올릴 것을 명하였는데, 그중 노보盧俌의 의견이 일부 수용된다. 노보가 제시한 돌궐방비책의 논지를 간단하게 요약하면, ①돌궐에 대한 대비는 화친이나 재물공여로 회유하는 것보다 군사적 위엄으로 다루어야 함, ②유가적 교양을 갖춘 장수 선발, ③군사에 대한 엄격한 신상필벌, ④백성의 생업을 보장하면서 군량 비축 및 전쟁 진법 훈련 실시, ⑤둔전 설치와 봉수대 설치 및 무기 관리, ⑥방어적정의 전쟁 수행 등으로 정리할 수 있다.

노보의 건의는 삼수항성의 건립 당시와 그 이후에 대부분 수용되었으나, ⑤와 ⑥의 경우는 장인원의 돌궐 방어책과 다소 차이가 있다. 우선 노보는 삼수항성과 같은 성채를 건립하자거나 봉수대를 어디에 설치해야 하는지에 대해서는 언급하지 않았다. 성채를 건립하고 성채와 연결되는 봉수대를 설치하자는 주장은 장인원의 독창적 견해이다. 또한 돌궐 근거지 대막大漠을 끊을 것 이라고 하였지만, 6군軍을 어떻게 배치할 것인지에 대한 구체적 인 구상은 결여되어 있다. 이에 비해, 장인원은 돌궐의 침략 루트 모두를 방어하는 것이 아닌 오르도스 루트를 겨냥한 특별 대책 을 제시한다. 이는 당시 당과 돌궐의 천연 방어선인 황하 물줄기 를 국경선으로 하는 목표물이 선명한 대책이었지, 태행산맥이나 산동평야를 침략하는 동남동 루트나 수隋 장성 북쪽 지역을 거의 일직선상으로 가로지르는 동서 횡단 루트에 대한 대책은 고려의 대상이 아니었다. 마지막으로, 노보는 돌궐이 침략해오면 무력 으로 응징하고, 떠나면 대비하면서 지키는 전통적 수비형 방어 전략을 제시하였다. 주지하다시피, 이 전략은 전한 시기 흉노의 침략을 교훈삼아, 중국 문인들이 상투적으로 제시한 대책이다. 이 전략의 가장 큰 특징은 '잘못을 이적에게 있게 하라'는 것이 다. 무력 사용은 이적이 침략했기 때문이고, 그들이 돌아가면 국 경을 넘어서까지 추격하지 말아야 한다는 것이다. 장인원은 노 보의 전통적 방어 전략에 정면 배치되는 공격형 방어 전략을 제 시한다. 말하자면 당시 삼수항성 건립을 반대했던 당휴경도 돌 궐의 강역으로 인정한 황하 북안에 방어선을 전진 배치하겠다는 구상이다. 사실 이는 전통적인 방어 전략에 의하면 비난 대상이

될 문제이기도 하였다. 국경을 넘어 돌궐의 땅을 탈취해서 그 곳에 성채를 건립하겠다는 구상과 실행 그 자체가 침략 행위이므로 그 경우 '잘못은 당에 있는 것이지, 돌궐에 있는 것이 아니게' 되기 때문이다.

기존 연구의 경우 삼수항성에 방어용 옹문甕門과 수비하는 전쟁도구를 설치하지 않은 것을 두고 장인원의 구상을 대외확장주의로 이해하기도 하지만, 그렇게 단정지을 수는 없다. 삼수항성과 1,800여 곳에 봉화대를 설치한 것을 제외하면 장인원은 여전히 전통적인 방어 전략을 수용한다. 삼수항성과 봉수대는 당의 강역 확대나 대외 확장을 위한 전진 기지가 아니고, 출전한 군사가 성을 뒤돌아보는 나약함을 보이면 참수로 즉결 처벌하면 되기 때문에 옹문이 불필요하다는 것이다. 여기에는 어떠한 의미의 대외 확장 의도도 찾을 수 없다. 오히려 황하를 배수진으로 하고 있었고, 옹문은 퇴로를 보장해 주는 장점도 있지만 돌궐의 침략에 대적할 수 없는 긴박한 상황에서 병사들의 출정 의지와 전투 의지를 꺾을 수도 있었다. 때문에 장인원은 이러한 퇴로를 만드는 것 자체가 공격이 최대의 방어라는 그의 공격형 방어 전략을 관철시킬 수 없을 것을 우려했으리라 생각된다. 어쨌든 삼수항성의 건립은 장인원의 독창성이 발휘된 군사용 건축물이라 할 수 있다.

앞에서 삼수항성의 설치 위치와 거리에 대해 언급했는데, 여기에서는 봉화대 설치 위치와 운영 및 유혁사游奕使의 운영에 대해 살펴보고자 한다. 삼수항성은 60일 만에 완성된 후, 중수항성으로부터 북쪽 방향으로 300리 떨어진 우두조나산 북쪽에 1,800여 곳의 봉수대를 설치하였다고 한다. 사서에 보이는 봉수대 운영체계에 의하면, "봉화는 30리를 간격으로 설치하고, 산이나 강으로 끊어져 있는 경우는 편의에 따라 결정한다"고 규정되어 있다. 만약 산으로 끊어져 있지 않다면 동수항성에서 서수항성까지 대략 30개의 봉화가 설치되었을 것이고 이것이 삼수항의 최남단 방어선이었을 것이다. 여기에 각 수항성에서 북쪽으로 300여 리에 위치한 우두조나산 북쪽에 직선으로 부채살을 펼친 세 줄기의 봉화대가 30리마다 설치되었다면 다시 30여 개가 추가될 수 있다. 남단에 황하 물줄기에 따라 설치된 것처럼, 세 줄기 부채살의 북단을 동서로 이어주는 곳에 봉화대가 설치되었을 것으로 추정되지만 정확한 봉화대 이름과 위치를 특정할 수는 없다. 다만, 정희림程希霖 등의 기존 연구에 따라 재구성해 보면, 삼수항성 봉화대의 북동단은 파두봉把頭烽일 가능성이 높다. 삼수항성이 건립된 후, 위구르 군대가 당을 침략할 때 우회해서 넘어오는 최전방 봉화대가 파두봉으로, 이 봉화대는 동쪽으로 운주와 삭주로 들어가고, 서쪽으로 진무군振武軍에 들어가는 입구에 설치되어 있다. 이 파두봉 한 곳에 딸려 있는 봉화대가 70개인데, "파두 70봉을 엄격히 지켜 오랑캐가 감히 들어올 수 없게 되었다"는 기사를 고려한다면 무리한 수치는 아니라고 생각된다. 관련 사서에 따르면 "산이나 강으로 끊어져 있는 경우는 편의에 따라 결정한다" 혹은 "만약 산과 능선이 끊어져 있어, 지형이 적당하지 않으면, 일관적인 셈법(30리 간격으로 봉화대 설치)에 구애받지 않되, 봉화와 봉화가 서로 바라볼 수 있어야 한다"고 하는데, 산지와 능선에는 평지보다 더 촘촘히 설치되었을 것이고, 여기에 간선 봉화대가 부채살의 중간중간에 동서로 설치되었다면 1,800여 곳의 봉화대를 설치하는 것은 충분히 가능하다. 이렇게 삼수항성을 중심으로 하여 황하 북안의 봉화대를 최남단 방어선이라 한다면, 남북으로 300리 거리를 두고 황하 물줄기와 병행하여 촘촘하게 배치된 최북단 봉화대들은 최전방 방어선이라 할 수 있고, 이럴 경우 부채살과 거미줄을 결합해서 펼쳐놓은 듯한 군사적 네트워크가 구축되었을 가능성이 높다.

당의 봉화 관리 규정에 의하면, 각각의 봉화대에 부대시설과 병력이 배치되어야 된다. 가령 당의 봉화 관련 규정에는, "변방의 경계에는 봉화대 밖에 성城과 담장障을 설치해야 한다"고 되어 있다. 762년 위구르 군대가 삼수항성을 지날 때 "봉수대烽와 담장에 지키는 사람이 없었다"는 기사는 당의 봉화대 관리 부실을 지적하고 있지만, 삼수항성과 연계된 봉화대 외곽에는 모두 조그만 성이나 담장이 설치되었음을 방증해 준다. 이러한 군사적 네트워크인 봉화대나 봉화대 부속 성장城障은 하나의 군사 시설물에 불과하다. 이러한 군사 시설물에 생명을 불어 넣기 위해서는 군사 병력이 배치되어야 한다. 당의 규정에 따르면, 매 봉화대마다 책임자인 봉수烽帥 1인, 부책임인 부봉수副烽帥 1인, 일반 병사 봉자烽子 5인 총 7인이 있었다. 이들은 교대로 봉화대에 올라 적들의 동정을 감시하고 적들의 마병과 보병의 규모에 따라 횃불과 연기의 횟수를 상부기관에 보고해야 하는 최전방 초소의 감시병이자 통신병이었다. 당시 봉화병 근무 규정에 따르면, 이들 봉화병들이 "봉후烽堠로 경보하지 않아, 구적寇賊이 변경을 침범하도록 내버려 두었거나, 봉수烽燧를 올려야 하는데도 올리지 않았거나, 여러 차례 봉화를 놓아야 하는데 봉화를 적게 놓은 경우에는, 각 도형徒刑 3년에 처한다"고 할 정도로 엄격히 처벌되었다. 삼수항성과 연결되는 이러한 봉화대가 1,800여 곳이었다고 하니, 봉화대에 배치된 병력 수만 1만 2천 명이 넘었을 것이다.

번방의 봉화대와 짝을 이루며 공조체계를 유지한 것이 유혁游奕제도이다. 장인원은 삼수항성을 축성하고, 1,800여 곳에 봉화대를 설치함과 동시에, 토번 출신 번장 가르궁린論弓仁을 삭방군전봉유혁사朔防軍前鋒游奕使로 삼아 낙진수(오늘날의 아브가이강艾不盖河)와 초심산에서 순찰하면서 방어하도록 배치시킨다. 낙진수는 당 태종이 설연타를 멸망시킨 장소로 알려져 있는 곳으로, 사서에 따르면, 이곳은 동수항성 부근의 운중고성으로부터 서북쪽으로 400여 리 떨어져 있으니, 당시 삼수항성의 최북단 봉화대를 설치한 우두조나산보다 더 북쪽에 위치한 것이 분명하다. 더구나,

유혁사 조직이 최북단 봉화대 부대시설인 정장亭障보다 밖에 위치한다는 것은 사서에서 "유혁은 항상 봉화대와 토하土河(변방의 산 입구나 적군의 출몰하는 길목에 모래흙으로 만든 하천을 만들어, 사람과 말의 족적을 점검하는 시설)에 모여 계책을 세우고 패牌를 교환하면서, 정장의 밖에서 밤낮으로 순찰하여 포로를 생포하고 사태를 따져 묻는다"는 문구와도 일맥상통한다. 유혁사 선발은 "군 내부에서 날쌔고 건장하며 산천 우물 등(현지 지형지물)을 숙지한 사람 가운데 충원하고", 그 군 내부에서 실제 업무와 형식 업무를 병용하게 하여 "유혁하는 사람이 (누구인지) 알지 못하게 한다"고 규정한 것처럼, 유혁병은 최전방 부대 내에 비밀 정찰수색부대로 이해된다. 요컨대 삼수항성의 북단 최전방에는 동서를 가로질러 고정된 시설물인 봉화대와 부대시설이 촘촘히 설치되었고, 이 고정된 봉화대 초소의 감시병과 유동적인 비밀 경찰부대인 유혁병들 간의 상호 공조체제가 긴밀하게 운영되는 제도적 장치가 마련되었다고 생각된다.

사서에는 삼수항성 건립 이후, 돌궐은 음산산맥을 넘어 약탈하거나 방목하지 못하였고, 삭방 지역은 더 이상 침략과 약탈이 없어져 진병鎭兵 수만 명을 감축할 수 있었다고 평가하고 있다. 이 평가가 얼마나 공정한가는 알 수 없지만, 돌궐 세력이 음산 이남 지역을 침탈한 기사와 황하를 건너 오르도스 지역을 침략했다는 관련 기록이 보이지 않는 것은 사실이다. 이 상황은 제2 돌궐제국이 붕괴된 후 위구르 제국 시기에도 다르지 않다. 안사의 난 시기, 위구르가 당의 원조 여부를 저울질 할 때, 위구르군이 삼수항성의 봉화대와 그 부대시설 및 주변 주현들을 지나가면서 봉화대 정장에 지키는 병사가 있는지 파악했다거나 폐허가 된 현縣을 목도했다는 기사는 있지만, 황하를 건너거나 침략했다는 기사는 확인되지 않는다. 위구르 제국 붕괴 시기 위구르의 잔여 세력이 당의 변경을 빈번하게 침입했던 지역도 앞서 언급한 운주와 삭주 사이 파두봉 일대였지, 삼수항성 축성 이전 돌궐이 이용했던 오르도스 루트로 침략한 사례는 확인되지 않는다. 이러한 측면에서 삭방 지역에 더 이상 침략과 약탈이 없었다는 평가는 역사적 사실을 객관적으로 반영한 것으로 보인다.

삼수항성의 기억

당 전기 황하 북안 서쪽에 위치한 풍주는 당의 국경 밖에 위치했으나 도독이 장기간 공석상태로 있었고, 설사 도독이 임명되었다 하더라도 실직 관직을 수반하지 않아 유명무실한 상태였다. 이로 인해 708년 삼수항성이 축성되기 이전 오르도스 북쪽 황하의 물줄기가 당과 돌궐을 구분하는 실질적인 국경선으로 자리 잡게 된다. 7세기 말에서 8세기 초 군사 40만 명에 1만 리의 땅을 가졌던 돌궐제국은 국경선인 황하를 넘어 오르도스의 광활한 접경 지역을 침략과 약탈의 전쟁터로 만들어 버린다. 8세기 초 돌궐이 오르도스 남단에 위치한 명사현에서 벌어진 대규모 전투에서 승리하고 당의 수도 장안의 턱밑까지 진격하게 되자, 당은 자신들의 안위를 걱정해야 할 위태로운 상황에 처하게 된다. 강력해진 돌궐의 침략과 약탈로 인해, 수도까지 위협을 받게 된 당으로서는 돌궐의 위협에 대한 근본적인 대책을 강구하지 않으면 안 되었다. 그 근본적인 대책이 바로 장인원의 건의에 의해 건립된 삼수항성이다. 그렇다면 이러한 삼수항성이 건립된 이후 후대 사람들은 삼수항성을 어떻게 기억하고 있었을까. 여기에서는 마지막으로 삼수항성에 대한 후대 문인들의 언급을 간략히 짚어보고자 한다.

당대 후기의 여온呂溫은 '삼수항성 비명' 서문에서 삼수항성을 당대 성세盛世의 상징물이라 극찬한다. 그는 삼수항성을 짓게 된 배경으로 묵철의 포악성과 이웃 국가에 대한 모독 및 그로 인한 원한 등을 꼽고, 당시 국경선인 황하를 넘어 돌궐의 땅을 탈취해서 북방민족이 남쪽으로 목축하는 것을 통제하고, 삼수항성을 구축하고 봉화대를 1,800여 곳에 설치한 것을 긍정적으로 평가하고 있다.

송대에 삼수항성 지역은 요遼와 서하西夏 간의 변경 지역에 있었기 때문에 삼수항성에 대한 언급은 주로 『송사』, 『요사』, 『금사』,

『원사』의 지리지나 지리서의 서적에 등장하는 정도였다. 『송사』 지리지에서는 황하의 물줄기를 설명하는 과정에서 황하 북안에 삼수항성과 풍주, 승주를 경과한다고 기록하고 있다. 『요사』 지리지에서는 운내주雲內州를 설명하는 과정에서 중수항성을 언급하는 정도이고, 『금사』 지리지의 경우 기록을 찾을 수 없다. 『원사』 지리지의 경우 황하원류 부록에 당대 운중도독부가 설립된 자리가 중수항성 지역이라는 설명이 보인다. 송대 삼수항성에 대한 자세한 기록은 송대 초기에 출간되었던 『태평환우기』에서 볼 수 있는데, 당대 지리서인 『원화군현지』의 삼수항성 설명 부분과 『자치통감』에서의 삼수항성 건립 및 평가 부분을 종합해 놓은 것과 유사하다. 송대 군사서적인 『무경총요』는 『태평환우기』와 대동소이하나, 삭주 서쪽 경계, 선우도독부, 중수항성, 서수항성, 벽제천鷿鵜泉으로 이어지는 루트에 주목한다. 남송시기 삼수항성에 대한 기록은 『옥해』에서 확인되지만, 당대 가탐賈耽이 저술한 『황화사달기』의 서적을 소개하면서 그 서문을 채록하는 수준이다. 이처럼 송대에는 삼수항성이 기록에 등장하기는 하지만 이를 통해 서하 지역을 수복하자거나 하는 정치적 주장을 했던 것은 아니었다.

삼수항성에 대한 북방 정복왕조의 기억은 거의 망각 수준이라 하여도 과언이 아니다. 요·금·원 등 북방민족에게 삼수항성이 위치한 지역은 이미 자국의 강역이었기 때문에 굳이 한족의 성채를 기억할 필요가 없었을지도 모른다.

삼수항성을 현실 정치 문제로 끌어올린 것은 몽고족을 몰아내고 한족 왕조를 세운 명대 문인들이었다. 가장 먼저 삼수항성을 언급한 인물은 『대학연의보』의 저자인 구준丘濬이다. 구준은 삼수항성이 건립된 후 삼수항성의 둔전 운영을 통해 둔전의 중요성과 필요성을 제기하고, 당과 돌궐과의 호시互市 설치에 따른 견마무역의 유용성을 주장하기도 한다. 특히 그는 삼수항성은 황하 이남 오르도스 지역을 방어하는 것이 주목적임을 강조하고, 이를 명나라 초기 상실한 동승위(당대 승주와 동수항성 지역)를 수복하자는 근거로 제시한다. 그 이후 명 중기에서 명말 시기 한족 문인들의 오르도스 수복 관련 언설에는 장인원과 삼수항성이 빠짐없이 소환된다. 많은 한족 문인들은 명대 동승위와 오르도스 수복 문제에 대해서 장인원의 삼수항성 건립과 운영방식을 대안으로 상기시켰다. 그 가운데 명말 편찬된 『황명경세문편』에 수록된 인물만 해도 이걸李傑(1443~1517), 양일청楊一淸(1454~1530), 하맹춘何孟春(1474~1536), 계악桂萼(?~1531), 육찬陸粲(1494~1551), 증선曾銑(1509~1548), 이묵李默(?~1556), 유도劉燾(1512~1598)와 생몰년 미상인 명 중기 이후 인물인 위환魏煥, 장악張岳, 왕임중王任重 등을 꼽을 수 있다. 이들이 장인원과 삼수항성을 언급한 이유는 명 초기 정통 연간(1436~1446) 이래, 몽골이 오르도스를 침략했기 때문이다. 이후 명 조정에서는 오르도스 수복에 대한 논의가 전개되었지만, 몽골계 국가와 충돌을 두려워한 명조는 이를 실행에 옮기지 못한다. 오히려 의견을 제시한 증선 등이 형장의 이슬로 사라지게 되자 공개적인 논의는 잠잠해진다.

그러나 이후에도 한족 문인 사이에 오르도스 수복 논의는 그치지 않았다. 명대의 한족 문인들은 국경의 상징물이자 오르도스 지역을 방어하는 모범적인 전례로 당대 삼수항성을 강조하였다. 그런데 장인원과 삼수항성에 대한 명대인들의 기억과 현실 적용은 선택적이었다. 장인원의 삼수항성 건립의 대전제는 국경 밖 돌궐의 땅을 탈취해서 돌궐의 땅에 삼수항성을 건립하자는 것이지만, 명대 동승위와 오르도스 수복에 대한 논의는 황하 이북 지역이나 서수항성이 건립된 풍주에 대한 언급도 거의 보이지 않는다. 그들의 주된 관심 대상은 당대 동수항성이 위치한 지역인 동승위의 수복과 이를 바탕으로 한 오르도스에 대한 압박 혹은 수복이었다. 다시 말해 명대인들은 몽골이 오르도스를 대부분 점령한 현실 속에서 당대 삼수항성과 같이 황하 북안에 성을 축성하는 방안은 고려하지 않았던 것이다. 또한, 구준이 언급한 것처럼 서수항성에서는 당과 돌궐이 교역하는 호시가 연례행사로 열렸고, 당과 돌궐의 호혜 관계를 유지하기 위한 화친정책이 이루어졌지만, 송대는 물론 명대 한족 문인들도 화해와 교류의 측면이 아닌 충돌과 갈등에 대한 선택적 기억을 소환하고, 몽골국가에 대한 경계심과 두려움을 강조하였다.

필자의 관련 연구

「당대 접경공간으로 邊州의 시대적 변동양상 연구」, 『중앙사론』 50, 중앙사학연구
    소, 2019.

「唐代 접경공간으로 三受降城」, 『역사문화연구』 71, 역사문화연구소, 2019.

참고자료

이기천, 「8세기 국제 질서의 변화와 唐의 三受降城 운영」, 『동양사학연구』 126, 동
    양사학회, 2014.

정재훈, 「당 중종시기(705~710) 대외 정책과 돌궐의 對應」, 『中國史研究』 80, 중국
    사학회, 2013.

樊文禮, 「略論唐代的豐州」, 『內蒙古大學學報』 2, 內蒙古大學, 1987.

石見淸裕, 『唐の北方問題と國際秩序』, 汲古書院, 1998.

張廣達, 「唐代六胡州等地的昭武九城」, 『北京大學學報』 2, 北京大學, 1986.

程希霖, 『漢唐烽堠制度硏究』, 三秦出版社, 1990.

2부

/

접경을 넘는 사람들의 기억

충칭重慶, 임시정부의 여성들과 위대한 일상
정주아

미군기지의 안과 밖
'집'의 수사를 통한 경계 만들기
이유정

충칭重慶, 임시정부의 여성들과 위대한 일상

정주아

임시정부의 '마지막' 정착지

"우리 독립투사들의 냄새가 밴 이 하늘 밑"(『돌베개』)

1945년 1월 31일 쓰촨성四川省 양쯔강揚子江의 지류를 거슬러 충칭에 첫 발을 내딛는 순간, 장준하는 부둣가의 공기를 깊이 들이마시며 이렇게 말했다. 일본 관동군 부대를 탈출한 이후부터 그는 약 6천 리, 24,000km를 걸어온 참이었다. 탈출의 순간부터 그의 목적은 단 하나뿐이었다. 충칭에 있는 대한민국 임시정부에 합류하는 일. 장준하에게 충칭은 그가 생명을 보존해야 할 이유이자, 힘겨워도 도달해야만 하는 유일한 목적지였다.

충칭은, 많은 이들이 알고 있듯이 대한민국 임시정부의 '마지막' 청사가 있는 도시이다. 백범 김구를 수반으로 한 임시정부는 1940년 9월부터 해방을 맞아 1945년 11월에 환국하기 전까지 이곳에 머물렀다. 충칭은 외침과 내전에 시달렸던 중국의 현대사와 더불어 성장한 도시이다. 충칭은 중일전쟁, 중국식 명칭으로는 '항일전쟁' 시기에 난징南京과 한커우漢口를 차례로 함락당하고 위기에 몰린 장제스 정부가 선택한 전시戰時 수도였다. '충칭', 우리말로 '겹경사' 정도로 풀이되는 이 이름은 송나라 때에 이 지역의 왕인 조돈趙惇이 황제로 등극하면서 붙여졌다고 한다. 우리에게 충칭을 비롯한 쓰촨성 일대는 "다시 오진 못하는 파촉 삼만리"(서정주, 「귀촉도」)라는 시 구절로도 등장하는 '파촉巴蜀의 땅'으로도 익숙하다.

육로가 험준하고 사방이 막힌 천연요새라는 자연적 조건은 충칭이 전시 수도로 선택되는 데 결정적 요인이 되었다. 아울러 충칭을 둘러싸고 흐르는 양쯔강과 자링강嘉陵江의 물줄기는 당시 막강한 군사력을 자랑했던 일본 육군을 피해서 물품을 운송하는 데 유리한 조건이기도 했다. 1937년 말 장제스 정부가 옮겨오면서 국가의 물적·인적 자원이 충칭에 집중되기 시작했고, 이에 비례하여 도시의 산업·교육·중공업 등이 폭발적으로 발전했다. 그 결과 현재 충칭은 베이징, 톈진, 상하이 등과 더불어 중국의 4대 직할시로 분류될 정도로 거대한 인구와 산업 규모를 자랑한다.

대한민국 임시정부의 청사는 충칭시 중에서도 중심 지역에 속하는 위중구 연화지蓮花池 38호에 자리 잡고 있다. 중국 공산당이 1945년 해방을 기념하여 세웠다는, 충칭시의 상징물인 해방탑과 그리 멀지 않은 위치이다. 중국 국민당과 공산당은 중국에서 활동하는 한인 독립운동가들을 대일 무장투쟁의 동반자로 대우해 왔다. 중국 당국의 이 같은 호의가 있기까지, 1932년 만 24세의 푸른 청춘을 주저 없이 내던진 청년 의사 윤봉길의 상하이 훙커우 공원 의거가 큰 영향을 미쳤다는 사실은 잘 알려져 있다. 일본의 '천장절天長節' 행사장에 한 중국인 청년이 폭탄을 던졌다고 알려졌던 첫 호외는 몇 시간 지나지 않아 조선인 청년이 벌인 사건이라고 정정되었다. 국공 내전에 몰두하느라 침략의 수위를 높여가는 일본을 제대로 방어하지 못했던 중국 당국이나 그런 당국의 태도를 답답하게 여기던 중국인들에게 조선 청년의 거사는 한편으로는 대단히 통쾌하면서도 다른 한편으로는 자성의 계기로 다가왔던 것이다.

기복이 있기는 했지만, 이후 중국 당국의 지원은 꾸준히 계속되었다. 1937년 일본이 만주를 넘어 화북 지역을 본격적으로 침공하면서 중일전쟁이 발발한다. 중국 당국은 이에 국공합작 노선을 선택하고 대한민국 임시정부에 대한 지원도 정책적으로 강화했다. 충칭 임시정부 청사는 그 정책적 지원의 결과물이다. 연화지 칠성란七星瀾에 소재한 이 회색빛 5층 건물에 대해 장준하는

그림 1_ **충칭 대한민국 임시정부의 환국 기념사진** (출처 : 국가보훈처 공식블로그 훈터)

"이 건물이 본래 범백용范伯容이라는 어느 중국인 소유의 호텔이었으며, 중국 국민당 중앙당부가 우리 임시정부를 위해서 내준 돈으로, 연 1천만 원의 세를 주고 들어온 건물"(『돌베개』)이라고 적고 있다.

1945년 8월 일본의 항복과 더불어 해방의 소식이 전해지자, 당시 임시정부의 요인들은 이 충칭 청사의 5층 건물 계단에서 기념사진을 찍었다. 3·1운동의 열기로 달아올랐던 1919년 4월 상하이에서부터 시작된 긴 여정을 기억하기 위한 사진이었다. 상하이를 떠난 임시정부는 항저우杭州, 자싱嘉興, 전장鎭江, 창사長沙, 광저우廣州, 류저우柳州, 치장綦江 등 중국 남동부의 주요 도시들을 전전했다. 짧게는 한 달, 길어야 2~3년 남짓한 간격을 두고 일본군으로부터 보다 안전한 곳, 중국 정부로부터의 지원이 보다 수월하게 이루어지는 곳을 찾아 떠돌았다. 충칭에 머물렀던 5년은 임시정부의 역사를 놓고 보면 예외적으로 긴 체류 기간이었던 셈이다. 그 지난한 타향살이의 여정이 만 26년 7개월 만에 끝나게 된 것이다.

그러나 우리는 충칭에 위치한 이 회색 건물의 청사에 '마지막'이라는 수사를 붙이는 데에 좀 더 조심스러워야만 하겠다. 그 이유는 두 가지로, 하나는 한국 현대사의 정치적인 맥락에서, 다른 하나는 시공간의 존재론적 맥락에서 생겨난다. 해방의 감격에도 불구하고, 미군정의 요구에 따라 임시정부 요인들은 '전쟁 난

민'의 자격으로 귀국했다. 임시정부의 역사적 의의에 대한 논쟁은 오늘날에도 여전히 진행 중이고 정치적 프레임에 따라 그 위상 자체가 위협을 받기도 한다. 이렇듯 임시정부의 시련이 아직 종결되지 않았음을 감안한다면 '마지막'이라는 수사가 불편하게 다가올 수밖에 없다.

'마지막'이라는 수사가 불편하게 다가오는 두 번째 이유는 이 글의 내용과 보다 밀접하게 관련된다. 충칭의 임정을 '마지막'이라 부를 때, 우리의 시선은 이미 긴 여정의 처음과 끝을 포괄하여 내려다보는 자리에 놓여 있다. 그러나 당대 충칭이라는 시공간에 놓였던 임정 관계자들 가운데 그곳이 '마지막 망명지'가 되리라는 사실, 중국 대륙을 누비는 망명 정부의 지난한 여정이 어떤

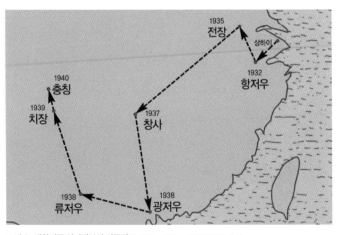

그림 2_ 대한민국 임시정부의 이동경로 (출처 : 국가보훈처 공식블로그 훈터)

식으로 귀결될 것이고 그 여정에 몸을 맡긴 자신들의 운명이 어찌될 것인지 아는 사람은 당연히 아무도 없었을 것이다. 막연한 희망에 의지한 채 주어진 시간을 감당하던 이들의 일상이 바로 이 글의 관심사이다.

상하이에서 충칭까지, 지도상의 저렇듯 간략한 화살표에 담긴 실제의 시간과 공간의 표정은 어떤 것이었을까. 기약 없는 희망을 좇아 대륙을 횡단했던 사람들이 견뎌야 했던 삶이란, 그들의 일상이란 어떤 모습이었을까. 혁명을 꿈꾸고 대의를 좇으면서도 밥은 먹어야 하고 가족은 보듬어야 했을 터이다. 이 글은 대한민국 임시정부의 역사와 업적 등에 관한 공적인 기록을 다루기보다는 일상에 관한 회고적이고 사적인 기록을 따라 읽어본 것이다.

이 글에서는 임시정부의 궤적을 따라 함께 걸었던 두 여성, 정정화鄭靖和(1900~1991)와 최선화崔善嬅(1911~2003)가 남긴 기록을 읽는다. 임시정부의 대소사를 직접 주관하여 '임시정부의 안주인'이라 불리던 정정화는, 임시정부의 상하이 시절부터 백범의 죽음과 한국전쟁의 발발에 이르기까지 자신의 체험을 구술하여 『장강일기長江日記』(학민사, 개정판, 1998. 본래는 『녹두꽃』(미완, 1987)으로 출간)를 냈다. 최선화는 임시정부의 외교부장이었던 남편 양우조와 결혼하고, 임시정부의 망명길에서 첫 딸 제시를 낳아 길렀다. 부부는 나날의 생활을 육아일기의 형태로 기록했고, 오늘날

그림 3_ 『장강일기』(왼쪽)와 『제시의 일기』(오른쪽) 책 표지

그 기록은 『제시의 일기』(개정판, 우리나비, 2019. 본래는 혜윰(1999)에서 출간)로 남아 있다.

일상은 단순한 반복과 평이함으로 이루어진 나날의 삶을 가리키는 단어이지만, 경우에 따라 그것은 견뎌야 할 대상이 되기도 하고 때론 지켜내야 할 대상이 되기도 한다. 임시정부의 망명 생활에도 일상은 있었다. 요컨대 열악한 환경 속에서는 평범한 일상을 유지하는 일이 곧 투쟁의 일부가 되는 것이다. 이제 임시정부의 '위대한 일상' 속으로 들어가 보기로 하자.

혁명과 밥

정정화는 구한말 대한제국의 개화파 관료
였던 동농東農 김가진金嘉鎭(1846~1922)의 며
느리이다. 김가진은 갑오경장의 주역이자
독립협회의 창립구성원으로, 대한협회(대
한자강회의 후신)의 회장 등을 맡았던 인물
이다. 정정화는 조부와 부친이 모두 높은
벼슬을 거쳐, 고향인 충남 예산에서 '양대
판서집'으로 불렸던 명문가에서 태어났

그림 4. **정정화**
(출처 : 국가보훈처 공식블로그 훈터)

다. 그녀는 김가진의 맏아들인 의한과 불과 11세의 나이에 결혼
을 했다. 손녀의 결혼을 보고서야 눈을 감을 수 있겠다는 할아버
지의 완강함을 가족들이 배겨 내지 못한 탓이다. 정정화와 김의
한은 11살 동갑내기 부부였다. 당시 66세였던 동농은 33세의 젊
은 아내를 두었다. 정정화의 시어머니는 정정화가 시집온 이후
에도 시동생과 시누이들을 낳았고, 일솜씨가 좋은 사람이었다.
어린 정정화는 남편을 친구 삼아, 자상한 시아버지를 버팀목 삼
아 엄한 시어머니 아래에서 시집살이를 견뎌냈다.

　양반가의 맏며느리로 훈육받으며 평범하게 살아갈 것만 같았
던 정정화의 삶에 큰 변화가 생긴 것은 3·1운동이 나던 1919년,
그녀가 20세가 되던 해였다. 한일 병합과 함께 대한협회가 해산

당한 이후 사회생활을 내려놓고 은거하던 시아버지 동농이, 3·1 운동 이후 결성된 대동단의 총재를 맡아 독립운동을 하다 그 해 10월에 맏아들 의한과 함께 상하이로 망명한 것이다. 동농의 망명은 일왕으로부터 귀족 작위까지 하사받은 고위 관료의 임시정부행이라는 점에서 국내외의 비상한 관심을 모았다. 상하이의 임시정부 및 교민사회에서는 이들 부자의 망명이 갖는 상징적 의미와 대외 선전 효과에 대단히 기뻐했다. 그러나 정작 시어머니와 정정화는 이들 부자의 망명 소식을 신문을 보고서야 뒤늦게 알았다. 당시 정정화는 첫 아이를 낳자마자 잃고 실의에 빠져 있던 차였다. 남편과 시아버지가 없는 시댁에서의 생활을 견딜 수 없었다. 그녀는 시어머니에게 친정에 다녀오겠다고 말한 뒤, 친정아버지에게 달려가 상하이로 가서 시아버지를 보필하겠다는 뜻을 밝힌다. 정정화는 당시 자신의 심경에 대해 "무엇인가 내 길을 찾아야겠다는, 마음 속 깊은 곳으로부터의 거센 욕구가 일어났던 것"이라 회고하고 있다. 친정아버지가 주신 여비는 상하이 임시정부에 보내는 독립운동 자금을 겸한 것이었다. 이제 갓 스무 살이 된, 세상 경험이라고는 전혀 없는 여인은 이렇게 조선을 떠나 상하이로 향했다.

물론 그 당시 정정화는 그 선택이 자신의 삶의 모습을 어떻게 바꾸어 놓을지 전혀 알 수 없었을 것이다. 그리고 오늘날, 결과적으로 그녀는 독립운동 자금 조달을 위해 일본 경찰의 눈을 피해서 국내에 여섯 차례나 잠입했던 여성 독립운동가로 알려져 있다. 여성에 대한 감시가 상대적으로 소홀한 틈을 타서 그녀는 때로는 홀몸으로, 때로는 젖먹이를 업은 채로 국경을 넘었다. 조국의 독립에 대한 염원이든 일본의 부당한 주권 침탈에 대한 분노든, 정정화의 마음이나 당시 상하이 임시정부에 체류하던 인사들의 마음이 다를 리가 없을 것이다.

그러나 그녀가 국내에서 독립 자금을 들여와야겠다고 결심하는 맥락은 눈여겨 볼 필요가 있다. '조국을 구한 독립운동가'라는 칭송과 경외에 가려져 자칫 못 보고 지나치기 쉬운, 상하이 임시정부와 망명 조선인들이 처했던 엄혹한 현실을 드러내는 대목이기 때문이다.

대외를 위해 불철주야 뛰어다니는 여러 지사들도 활동을 위해서는 생계가 유지되어야 한다는 사실을 부인하지는 못했다. 다만 한 사람 한 사람의 사정에 앞서서 전체 민족의 생존권 획득이 우선되어야 했으므로 개개인의 구차한 살림 형편을 크게 내세우지 않았을 뿐이었다. (…중략…) 이름, 명예, 자존, 긍지보다는 우선 급한 것이 생활이었다. 포도청 같은 목구멍이었다. 머리를 내밀고 팔다리라도 내놓을 만한 누더기 한 자락이 더욱 절실히 필요했던 것이다.

3·1운동 직후 상하이에는 임시정부 이외에도 각종 단체를 합

하여 2천 명에 가까운 한인들이 몰려들었다. 훗날 임시정부가 힘겨운 피난 생활을 지속할 때에도 임시정부 구성원의 규모는 백여 명을 유지했다. 독립운동에 참여하겠다는 열정과는 별도로 생존을 위해서 최소한의 의식주는 보장되어야 했다. 그럼에도 '민족의 생존권 획득'이라는 '대의大義' 앞에서는 일신一身의 궁핍힘과 고난쯤은 감당해야 한다는 생각에 아무도 말을 꺼내놓지 못하는 상황이었던 것이다. 정정화는, 1920년 당시 대한민국 임시정부 법무총장을 맡고 있었던 예관睨觀 신규식申圭植을 찾아가 국내 잠입을 의논했다. "이름, 명예, 자존, 긍지보다는 우선 급한 것이 생활"이라고, 그러므로 국내에 잠입하여 친정에 가서 직접 돈을 얻어오겠노라고 뜻을 전했다. 신규식은 정정화의 제안을 듣고 처음에는 아무 말도 하지 못했다고 한다. 임시정부의 현지 적응에 관한 각종 일을 도맡아 처리하던 예관 신규식이 보여주었던 '머뭇거림'을 정정화는 이렇게 해석한다. "너나 할 것 없이 다 같이 겪고 있는, 그러나 좀처럼 입 밖에 내지 않고 말없이 덮어두고 있는 상처를 드러내보였다는 것이 결코 반가울 수만은 없었을 것"이라고. 물론 이 때의 '상처'란, 엄연히 한 나라의 정부임에도 정치적 활동에 대한 지원은커녕 구성원들의 끼니조차 해결해주기 어려웠던 경제적 열악함을 가리킨다.

공동체를 채운 비분강개의 열기를 온몸으로 느끼면서도, '먹고 사는 문제'를 정면으로 거론하는 정정화의 태도는 어찌 보면 구성원들의 열정에 찬물을 끼얹는 당돌한 처사일 수 있다. 하물며 조국의 독립운동이나 임시정부의 조직처럼 엘리트 남성들이 담론의 주도권을 쥐고 있는 상황임을 감안하면 더욱 그렇다. "부엌에 드나드는 아낙네의 처지"에서 나온 생각이라며, 정정화가 당시 자신의 제안이 갖는 의미를 축소하는 맥락도 여기에 있다.

그러나 다시 생각해 보면, '부엌'은 얼마나 비정한 공간인가. 부엌은 가족을 먹여 살릴 밥 짓기가 이루어지는 공간이면서, '불 피운 흔적이 없는 아궁이'가 그러하듯 가장 정직하게 생존의 위기를 담아내는 공간이다. 즉, 인간 생존의 최전선이라는 의미이다. 흔히 '혁명과 밥'은 서로 상반된 위상을 갖는 유비로 사용된다. '혁명'을 인간이 동물로서의 제한을 초월해서 인간다움의 덕목을 구현하는 행위라 본다면, '밥'의 문제는 혁명의 열정에 불타는 지사들의 발목을 잡는 현실적인 족쇄로 작용하는 것이다. 정정화가 놓인 시공간에서, '혁명과 밥'의 대결 구도는 비단 유비가 아니라 당면한 현실이었다. '명예보다도 우선 급한 것이 생활'이라는 정정화의 태도는 한편으로는 독립운동가답지 않은 발언처럼 보이지만, 다른 한편으로는 '혁명과 밥'을 같은 수준의 문제로 대하고 있기 때문에 중요한 것이다.

이에 '독립운동가'로서 정정화의 삶을 제대로 이해하기 위해서는 목숨을 초개처럼 내던지는 독립운동가를 전형으로 한 선입견에서 벗어날 필요가 있다. 정정화의 삶은 혁명에의 열정이 아니라 '밥과 생존'의 문제, 다시 말해 적과의 투쟁이 아니라 평범한 일상과의 투쟁이라는 맥락에서 읽었을 때 더욱 잘 이해할 수 있게 된다. 즉 생존 그 자체를 위해 하루하루를 견뎌 가는 인내심, 그럼에도 불구하고 아무것도 아닌 존재가 되지 않기 위해 스스로를 채찍질하는 정신력의 측면에서 바라볼 필요가 있는 것이다. 실상 이러한 시각은 정정화뿐만 아니라, 오랜 시간 이국땅을 전전할 수밖에 없었던 임시정부 구성원들의 삶에 좀 더 가까워지는 데 도움이 된다.

한때 2천 명에 가까웠던 상해의 한인사회가 한두 해 사이에 5백명도 안 되게 줄어들었다. 임시정부뿐만 아니라 상해에 있는 기타 단체들도 침체 상태에 빠졌으며, 대동단의 국내 및 만주의 모든 조직도 전부 궤멸되었다. 상해에 머물러 있는 것이 무의미하다는 생각이 들 지경이었다.

주요 임시정부 요인에 대한 습격과 암살의 위기는 늘 존재했지만, 임시정부의 위기는 그처럼 외부의 공격에 의해서만 생겨난 것은 아니었다. 진짜 위기는 3·1운동으로 타올랐던 분노와 열정이 서서히 식어가면서 찾아왔다. 주지하듯 3·1운동은 제1차 세계대전의 종전과 더불어 약소민족의 정치적 독립을 공언한 파리 강화회의의 영향을 받았다. 그러나 회의의 의결 내용은 조선에 전혀 도움이 되지 못했다. 외교적 통로나 무장투쟁을 통해서 독립을 쟁취하는 일이 요원하다는 인식과 함께 임시정부의 역할을 회의적으로 보는 시선이 늘어갔다. 여기에 3·1운동 이후 소위 '문화통치'가 시행되어 언론 및 잡지 발행이 가능해지자, 차라리 국내에서 교육과 문화운동을 도모하려는 세력도 생겨났다. 정정화는 3·1운동 이후 상하이 한인사회의 인구가 "한 두 해 사이에 오백 명도 안 되게 줄어들었다"고 기록하고 있다. 한인사회의 축소, 독립운동 단체의 침체, 투쟁 거점의 궤멸 등 불리한 정황이 지속된다. 정정화는 "1920년대 중반부터 상해에서의 활동은 주로 참고 기다리는 시기"였다고 회상한다.

3·1운동의 열기가 사라진 이후, 1920년대 조선 내부의 분위기를 잘 보여주는 사례가 있다. 임시정부에서 도산 안창호를 도왔던 문인이자 언론인인 주요한朱耀翰은, 제1차 세계대전 이후 세계정세가 정치경제적으로 안정기에 접어든 1924년 무렵부터 독립운동가들에게 '반동기이자 정체기'가 시작되었다고 회상하고 있다. 그는 한국 독립의 희망은 희미해짐과 동시에, 민족적 울분이 사이토齋藤實 총독의 문화정책하에 국내에서의 교육, 문화, 실업 방면으로 분산되었다고 분석했다. 이어 그는 "상해의 임시정부는 먼 세계의 신화처럼 느껴지고, 이따금 발생되는 테러리즘의 행동이 세상을 놀라게 할 정도"였다고 회고한다. 세간에서 상하이의 임시정부를 '먼 세계의 신화'처럼 대했다는 그의 탄식에

는, 1920년대 중반에 이르러 임시정부와 국내 조선인들 간의 정서적 거리가 이미 상당해졌다는 원망이 묻어있다.

비로소 이국땅의 임시정부에 대한 국내의 관심이 잦아들고 경제적 지원도 기대하기 힘든 나날들이 시작된 것이다. 1923년 상하이에서의 의식주에 대해 정정화는 "그저 하루 먹고 하루 먹고 하면서 간신히 꾸려나가는 게 고작이었다. 식생활이라고 해야 가까스로 주먹덩이 밥을 면할 정도였고, 반찬은 그저 밥이 넘어가게끔 최소한의 종류 한두 가지뿐"이었다고 회고했다. 그나마 상하이에서 채소를 싼 가격에 살 수 있었기 때문에 가능했던 일이다. 한복은 아껴두었다가 국내에 들어갈 때에만 입고, 보통은 헐값에 천을 끊어서 중국식 옷인 '짱산長衫'을 만들어서 입었다고 한다. 가죽이나 고무로 된 신발은 엄두도 낼 수 없었다. 그나마 형편이 나은 사람들은 헌 헝겊을 몇 겹으로 겹쳐서 실로 누벼서 헝겊신을 만들어 신었다. 그렇지 못한 사람들은 짚을 감고 다녔다. 정정화는 백범 김구의 헝겊신도 기억하고 있다. 활동량이 많았던 백범의 헝겊신은 이미 바닥이 닳아서 너덜거리는 상태로, 백범은 사실상 신발 목 부분의 천만 성한 채로 매달고 다니는 적이 많았다고 한다. 식민지 시기 임시정부의 투쟁에는 오직 언젠가 도래할 희망의 날을 버팀목 삼아 이렇듯 남루한 생활을 감당하는 나날들이 포함되어 있다.

가난을 견디다 못해 정정화는 1931년 다시 국내에 잠입하여 고향을 찾아갔다. 친정아버지가 돌아가신 후 친정의 가세는 이미 기울었고, 친척들의 인심도 냉랭해진 상황이었다. 그녀는, 처음으로 국내에 잠입했을 때 도와주었던 이의 집을 찾았다가 천덕꾸러기 취급을 받는다. 몇 년 사이 변해버린 고향의 인심에 상처를 받은 그녀는 독립하기 전에는 귀국하지 않겠노라 마음을 먹었고, 실제로 그렇게 했다. 요컨대 정정화의 조선행은 일본 경찰의 위협이나 체포의 가능성 때문에 중지된 것이 아니다. 외국 체류기간이 길어지면서 임시정부에 대한 호의와 관심을 거둔 조선인들에 대한 서운함과 원망 때문에 중지된 것이다. 망명정부의 외로운 투쟁이 어느덧 십 년째가 되었을 때, 정정화의 소회는 다음과 같이 기록되어 있다.

이십 대의 철부지였던 우리 내외도 이제는 서른 살의 성숙한 어른이 되었다. 삼십 대의 망명객은 사십 대가 됐으며, 오십 대의 장년은 육십 대의 노인들이 되었다. 그러나 부풀었던 희망은 줄어들었고, 독립의 전망은 보다 요원해지기만 했다.

1932년, 청년 이봉창과 윤봉길의 잇단 희생은 침체되었던 임시정부의 숨통을 틔웠다. 공산당과의 내전에 몰두하느라 일본의 침략을 방관하다시피 한 당국의 처사에 불만을 품었던 중국인들이, 두 청년의 의거에 감명을 받아 지원의 손길을 내밀기 시작했기 때문이다. 비록 김구를 비롯한 임시정부의 구성원들은 일본 경찰에 쫓겨 상하이를 떠나 긴 방랑 생활을 시작해야 했지만, 안전하되 무의미한 하루하루를 소일하는 것보다는 낫다고 생각했을 것이다.

정정화는 임시정부의 사람들을 '임정 식구들'이라 불렀다. 임시정부 구성원 중에는 실제로 가족을 이끌고 합류한 요인들도 있었지만 독립운동을 하면서 '동지 결혼'을 하여 가족을 이룬 이들도 있었다. 이들은 열악한 환경 속에서도 아이를 낳아 길렀다. 정정화 또한 망명생활 중에 아들을 낳았고, 그 아이는 '임정의 대표 손자'라 불렸다. 공동체 속에서 누군가는 할아버지가 되고, 누군가는 아저씨나 아주머니가 되었다. 그리고 무엇보다도 모두가 빈곤한 살림살이를 살았다. 임정에서는 지위가 아니라 개별 가족의 숫자에 따라 생활비와 식량을 배급한다는 원칙을 지켰다. 하나의 공동체를 이루어 '먹는 입'들을 가리키는 '식구食口'의 의미에 이보다 충실할 수는 없을 것이다.

상하이를 떠난 '임정 식구들'의 도피 생활은 일본의 중국 침략 전쟁이 본격화되면서 기나긴 방랑 생활이 되었다.

강소성에서 출발하여 안휘, 강서, 호남, 광동, 귀주성을 거쳐 사천성에 이른 장장 5천 킬로미터의 피난길은 중공군이 강서성에서 섬서성까지 쫓겨난 만리장정萬里長征과 견주어질 만한 것이었고, 사실 우리끼리도 이 피난 행각을 만리장정이라고 부르기도 했다.

1932년 상하이를 떠나 중국대륙을 횡단하여 1940년 충칭에 이르기까지 다시 십여 년의 세월이 흘렀다. 갓 스물을 넘기고 상하이를 찾아들었던 여인이 사십 대가 되도록 시간이 흐른 것이다. 이 해에 3·1운동 직후 대한민국 임시정부의 탄생을 주도했던 석오石吾 이동녕李東寧이 별세했다. 백범의 어머니 곽낙원郭樂園 여사도 이미 세상을 떠난 터였다. 상하이에서 끼니 걱정을 할 무렵에, 곽 여사는 "중국 사람들의 쓰레기통을 뒤져 배추 떡잎을 주워다 반찬을 만들고", 생일을 맞아 어렵사리 마련해온 비단솜옷을 두고 "윤봉길 의사의 핏값 덕분에 사는 처지"를 알라며 야단을 쳤던 인물이었다. 임시정부의 첫 세대가 세상을 등질 때마다 "조국의 독립이 그만큼 멀어지는 듯싶었"다며 정정화는 적고 있다. 동암東岩 차이석車利錫, 신암新巖 송병조宋秉祚, 손일민孫逸民 선생 내외 등도 충칭 체류 시기에 세상을 떠나, 임정 식구들이 모여 살던 토교 마을 뒷산에 묻혔다.

엄혹한 시절임에도 임시정부의 망명 기간 동안 태어난 2세는 열 명이 넘었다. 조선 땅을 한 번도 밟아보지 못한 채 출생 당시 임시정부가 머물렀던 피난처가 고향이 되어버린 아이들이었다. 그들이 중국 땅에서 보내는 평범한 하루가 '당연한 것'이 되지 않도록 임시정부의 여성들은 아이들을 모아 놓고 국어나 국사, 노래, 춤 등을 가르쳤다.

임정에 소속되어 있는 부인들은 각자의 생활이 풍요롭거나 풍족한 편은 아니었지만 늘 손에서 일이 떠나지 않았다. 임정이나 광복군 또는 임정 산하단체의 모든 행사에는 꼭 부인네들의 손길이 닿았고, 자녀들의 교육을 지도하는 일도 부인네들의 책임 하에 이루어질 수밖에 없었다.

우리는 또 장소를 마다하지 않고 소학교에 다니는 자녀들을 모아서 방학 때마다 우리나라의 역사나 국어, 노래, 춤 등을 가르쳤는데, 그 일은 한 해도 거르지 않고 계속되었다.

시간의 힘에 저항하면서, 이국땅을 떠도는 이유와 목적을 잊지 않아야 하는 것은 어른들도 매한가지였다. 임시정부는 열악한 재정에도 불구하고 어떤 상황에서든지 매년 삼일절이 돌아오면 기념식을 열고 음식을 장만해서 나누어 먹었다. 임시정부의 어머니 역할을 자처한 정정화가 그 중심에 있었음은 물론이다. '혁명과 밥'을 나란히 두었던 정정화의 소신처럼, 길고 더디게 진행된 임시정부의 싸움에서는 적과의 전투뿐만 아니라 일상적 시간과의 전투도 그 역사의 한 부분을 이루었던 것이다.

신여성과 '어머니'

정정화의 아랫세대로 임시정부에서 활동한 최선화는 한국이 국권을 잃은 한일병합 직후에 태어났다. 그녀는 정의여자보통학교와 이화여전 영문과를 졸업하고 모교에서 교육자의 길로 접어든, 당시 용어로 '신여성新女性'이었다. 앞서 정정화의 중국행이 결코 예상치 못했던 선택의 기로에서 시작되었던 것처럼, 최선화의 중국행도 당시 한국의 관습에 비추어보자면 예외적인 선택이었다. 그녀의 삶은 모교의 선배로부터 한 남성을 소개받으면서 예측하지 못한 방향으로 흘러가게 된다.

청년의 이름은 양우조楊宇朝(1897~1964), 임시정부의 요인이었다. 젊은 날 친구들과 함께 중국으로 간 그는 좀 더 큰 세계에 대한 꿈을 꾸며 19세에 단신으로 미국에 유학했다. 초등학교 과정부터 대학에서 방직공학을 전공하기까지 이국에서 고학을 견뎌낸 심지 굳은 인물이었다. 귀국 후 한국에 방직공장을 세우고자 했으나 일본 당국의 감시로 여의치 못하자 1929년에 상하이로 망명하여 임시정부에 합류했다. 미국 유학기에 흥사단으로 활동하고, 식산운동에 관심을 가졌던 인사들이 그러하듯 도산 안창호의 민족운동론을 따르며 언론운동 및 유학생 관리 업무를 지원했다. 도산이 세상을 떠난 이후에도 끝까지 임시정부를 지키며 주요 임원을 맡았고, 대외로 나가는 주요 영문서 및 문서작성을 도

맡아 처리했다.

　최선화를 소개받을 당시 양우조는 가짜 신분증을 들고 다니면서 경찰의 눈을 피해 잠시 서울에 다녀가던 길이었다. 두 사람은 첫 만남 이후 편지를 주고받으며 인연을 이어간다. 결혼을 결심한 최선화는 유학을 명분으로 통행증을 얻어 1936년에 홀로 중국으로 건너갔다. 이듬해 전장鎭江의 임시정부 청사에서 두 사람은 김구 선생의 주례로 결혼식을 올렸다. 사랑 앞에 용감해진 신부로서는 예측하지 못한 일이었겠지만, 그녀가 중국으로 뛰어든 1930년대 중반은 본격적으로 중일전쟁이 시작되는 시점이었다. 중일전쟁의 발발로 인해 임시정부는 거의 매년 피난지를 옮겨 다니며, 새 숙소에 적응하기도 전에 짐을 싸서 떠나야 하는 유랑 생활에 접어들었다. 그러나 다른 한편으로 중국과 일본의 전면전은 한국의 독립운동에는 호재였다. 공동으로 항일전을 펴는 동지로서 중국 정부는 임시정부와 긴밀한 협력 관계를 유지하기를 원했기 때문이다.

　최선화 부부가 첫 딸을 얻은 것은 결혼 이듬해인 1938년으로 새로운 피난지 창사長沙에서였다. 두 사람은 첫 딸을 얻은 순간부터 꼼꼼히 육아일기를 쓰기 시작한다. 일기의 이름은 딸의 이름을 따서 '제시濟始의 일기'라 했다. 여느 육아일기처럼 이 기록에는 부모와 첫 아이가 경험하게 되는 경이로운 '첫 순간'의 기록들이 가득하다.

오늘 새벽 5시쯤 해서는 깨어서 '엄마, 엄마' 하는 소리를 연 삼사 차례나 계속 부르며 울면서 졸랐는데 '엄마'라고 부른 것이 오늘이 처음이었다. 엄마라는 소리에 담긴 수많은 의미가 떠오른다. 함께 자고, 함께 울며 나눔과 희생을 행해야 하는 이름. 그에게 전적으로 의지하고 있는 아기가 '엄마'라고 부를 때 엄마가 느끼는 사랑과 책임감, 엄마의 어렵고 힘든 역할이 그 이름, '엄마'라는 단어로 순간 녹아 버린다. 세상의 거의 모든 여자들이 그렇듯이.(1938.12.16)

여느 부부가 그러하듯 그들은 아기와 처음 눈을 맞추고, 엄마 아빠를 찾는 소리를 듣고 감동한다. 물론 평범한 삶의 한 풍경이라 할 수 있겠지만, 그 순간이 주는 경이로움조차 평범하다 할 수는 없을 것이다. 요컨대 이들 부부는 일상이 만들어주는 평범하지만 예외적인 순간들을 경험하고 있는 중이다.

그림 5_ **최선화 가족** (출처 : 국가보훈처 공식블로그 훈터)

그러나 이들이 누리고 있는 평범한 행복은 그 평범한 일상을 유지하기 위한 힘겨운 싸움 끝에 얻어진 것이기도 하다. 아기 제시가 세 살이 되던 해인 1941년, 임시정부는 충칭에 머물고 있었다. 그 해 3월 최선화 부부는 둘째 딸 '제니'를 얻었다. 이 무렵 최선화가 기록한 일기의 한 부분은 이제 두 아이의 부모가 된 그들의 일상을 잘 보여준다.

> 무더운 날이었다. 게다가 아침 9시 반쯤 해서 적기의 공습경보가 나자 방공호를 찾아 달리는 사람들 틈에 끼어 아빠와 같이 제시는 신나게 달음질하고 있다. 오래간만에 아버지와 같이 피난을 가게 되어서인지 더욱 유쾌한 모습이다. 태어난 지 8주된 제니도 엄마 품에 안겨서 군수학교 방공동으로 피난을 갔다. 그러나 방공호 안이 무덥고 비좁은 탓인지 자주 울어서 중국인들의 비난도 받았다.(1941.5.22)

적기의 공습경보가 울리고 방공호를 찾아 대피하는 긴박한 순간에도 아기 제시는 아빠와 함께 달음질을 하는 순간이 마냥 유쾌하고 즐겁다. 아이의 이 같은 천진난만함 앞에서 부부는 할 말을 잃었을 터이나 한편으로는 그 아이로부터 죽음의 공포를 벗어날 기운을 얻고, 다른 한편으로는 그 아이다움을 지켜주어야 한다는 책임감을 느꼈을 것이다. 늘 죽음의 위협을 염두에 두어야 하는 일상 속에서, 어린 두 딸을 끌어안고 방공호에 대피한 부모는 이 시간이 아이에게 공포로 기억되지 않기를 바랐을 터이다.

충칭은 방공호의 도시다. 중일전쟁 시기 일본 공군의 폭격 규모나 횟수는 상상을 넘어선다. 일본은 전시 수도였던 충칭을 집중적으로 폭격했다. 5월의 쾌청하고 맑은 일기는 폭격을 예고하는 것이기도 했다. 정부는 양쯔강 부두의 경사지나, 길과 길 사이의 경사지에 수많은 방공호를 만들어서 시민들을 보호했다. 충칭의 인구는 늦가을부터 겨울 사이에 늘어났다가 여름을 전후해서 줄어들곤 했다. 비교적 적의 공습으로부터 안전한 겨울과는 달리, 봄이 되면 정부는 충칭에 체류할 이유가 있는 사람에게만 방공호 출입증을 발부하고 나머지는 도시 밖으로 소개했다. 도시의 인구를 방공호에 수용할 수 있는 규모로 관리하기 위해서였다. 오전이든 오후든 공습 사이렌이 울리면 방공호로 대피하거나, 방공호가 만원이면 인근 들판의 풀숲으로 숨어드는 생활이 반복됐다.

『제시의 일기』는 훗날 최선화의 손녀이자 제시의 딸인 김현주에 의해서 출판되었다. 손녀가 기억하는 할머니 최선화는 생전에 유별스럽다고 할 정도로 신문과 텔레비전의 뉴스에 집착하고 그중에서도 날씨를 반드시 확인해야만 하루 일과를 시작할 수 있는 사람이었다. 할머니의 이상한 습관을 이해할 수 없었던 손녀는 '제시의 일기'를 읽고 난 후에야 비로소 할머니를 이해할 수 있게 된다. 날씨를 보고 그날의 공습 가능성을 점치곤 했던, 최선화의 젊은 날이 남겨 놓은 흔적이라는 사실을 알게 된 것이다. 그 일기의 지면에는 어린 두 아이를 공습에서 지켜내기 위해

동분서주하는 젊은 엄마의 모습이 있다.

그러나 동시에 최선화의 일기에는 가사일과 육아가 삶의 전부가 되어버리는 생활에 대한 고민도 발견할 수 있다. 두 아이의 양육으로 힘겨운 나날을 보내고 있었지만, 최선화에게는 자신의 사회적 역할에 대한 갈증이 있었다.

> 오늘은 밀렸던 빨래를 하기에 여념이 없다. 이곳에서 부인들이 하는 일은 아이들을 키우고, 임시정부에서 활동하는 남편을 뒷바라지하는 것이다. 하지만 그 외에도 무언가 할 수 있는 일이 있을 거라는 생각이 든다. 부인들이 할 수 있는 일이 분명히 있다. 우리 한교들의 자녀들에게 민족의 정신을 집어넣는 것도 우리 몫일 것이요, 후방에서 독립운동을 지원하며 일선에서 일본군과 싸우며 애쓰는 우리 동지들을 보살피는 것도 여자들의 몫일 것이다. (1941.10.21)

최선화가 생각해낸 '부인들이 할 수 있는 일', '부인들의 몫'이란 아이들이 민족정신을 잃지 않도록 양육하는 일, 독립투사들을 후방에서 보살피는 일 등이다. 자녀를 양육하고 전선의 후방에서 돌봄을 제공하는 등 전통적으로 여성의 역할이라 인식되어 온 범주의 일들이라고 할 수 있을 것이다. 임시정부는 한 가족이나 마찬가지인 공동운명체였지만, 그 안에도 세대나 성별의 차이에서 유래하는 편견은 분명 존재했다. 둘째 딸 제니를 분만한 후에 최선화가 처음 느꼈던 감정은 미안함이었다. "장차 나라를 구할 인재가 태어날 시간"이라며 남아의 탄생을 학수고대하던 임시정부의 원로들의 실망이 컸기 때문이다. 국가의 운명이라는 대의가 개인을 압도하던 시대, 전쟁과 폭력의 시대였던 만큼 여성이 설 자리는 그만큼 제한적일 수밖에 없었다. 최선화는 당시 한국사회에서 여성이 받을 수 있었던 최고 수준의 교육을 받은 '신여성'이었다. 한국 여성의 역사에서 '교육'은 비단 학벌의 문제가 아니었다. 그것은 가부장적인 제도와 관습을 빠져나갈 탈출구를 만나는 것과 같았다. 익숙한 세계를 낯설게 바라볼 수 있는 눈을 얻고, 비로소 '자기'의 문제에 골몰할 수 있었다. 요컨대 여성들은 교육을 통해 자신의 삶을 주체적으로 생각할 수 있는 가능성과 만났다.

최선화가 살아가던 1920~1930년대에 발표된 신문이나 잡지의 기사들은 신여성을 바라보는 당대의 사회적 시선을 짐작할 수 있는 자료가 된다. 사회적으로 익숙한 사고와 제도에 따르지 않는 여성들의 출현은 쉽사리 비난이나 조롱의 대상이 되었다. 그들은 서양의 유행을 무분별하게 흡수한 결과 사치와 허영에 빠져들어 방탕한 행동을 일삼는 존재들로 묘사되곤 한다. 신여성의 위상에 대한 평가만을 두고 본다면, 임시정부 내에서도 유사한 시각이 존재했다. 비록 나중에는 시각이 달라졌지만, 정정화도 당초 상하이에서 조직된 바 있는 '대한민국애국부인회'에 대하여 "이 모임의 주동 인물들은 대부분 국내에서 이화여전 등을 나온 이른바 신여성으로서 그중 몇몇은 신식 교육을 받고 앞서가는 여성입네 하고는 눈 밖에 나는 행동으로 주위 사람들의 눈총을 사기도 했다. 그래서 넓지 않은 상해의 교포사회에서 호응을 받지 못했다. 나도 그런 단체는 신식 공부한 사람들의 모임으로만 생각하고 가담할 생각조차 하지 않았다"(『장강일기』)고 쓰고 있다.

그러나 거슬러 올라가 생각해보면, 3·1운동 당시 경성의 배화여고부터 부산의 일신여학교까지 전국에서 여학생들의 봉기가 잇달았던 현상은 정치적 의사 표현에 있어 성적인 역할이 따로 있을 수 없다는 여성들의 인식이 있었기에 가능했던 것이겠다. 비록 스스로 '구여성'이라 자처하고 있지만, 정정화 또한 최선화와 마찬가지로 동시대의 또래 여성들을 통틀어 가장 낯선 방식의 삶을 선택한 인물에 속했다. 한반도의 경계를 넘어 중국 땅으로 넘어가는 일을 다만 상상하는 데 그치지 않고 몸소 실행했다는 사실, 이는 분명 여성들의 의식이 바뀌어가고 있다는 증거였다. 여성들 스스로 의식을 하든지 못 하든지 말이다.

어쩌면 보다 중요한 것은 "부인들이 할 수 있는 일이 분명히 있다"는 출발점이 늘 존재해왔다는 사실일 것이다. 이 출발점이 시대와 세대를 초월하여 어떤 형식으로든 조금씩 변화를 만들어냈다. 둘째 딸 제니의 출산을 앞두고 있을 무렵, 최선화는 당시 충칭 인근의 도시에서 대학교수로 일하던 동창생 김윤택과 해후한다. 반가운 만남 뒤 윤택이 최선화에게 보내온 편지에는 곧 두 아이의 엄마가 될 친구에 대한 축복이 담겨 있다. 그러나 다른 한편으로는, 젊은 시절을 함께 했던 친구인 최선화에게 보내는 일종의 당부도 적혀 있다. 윤택은 최선화에게 "아이가 자라고 나면 집에만 있지 않고 무언가 일을 할 수 있을 것"이라 했다.

나는 유능하고 교육 받은 여성들이 사회에서 활발하게 활동해야 한다고 봐. 만약 여자들이 자유롭고 남자들처럼 생을 살고 싶다면 그렇게 해야 해. 단지 남자들이 우리를 위해 해줄 것을 기대하지 말고 말이야.(1941.3.11)

가사·양육을 전담하고 있는 상태에서 사회 활동을 놓고 고민하는 여성의 모습은 1941년 충칭에도 존재했다. 김윤택의 고민은 최선화의 고민이기도 한 것이었다. 둘째를 임신할 무렵, 이미 최선화는 부인회를 조직하고자 준비회의를 주선하는 등 바쁘게 움직이던 중이었으니 말이다. 출산 이후, 1943년 최선화는 한국애국부인회를 재건하는 일에 참여하고, 총무 역할을 맡아 실무를 책임진다. 이 무렵 남편 양우조가 쓴 일기에는 최선화가 중국의 중앙방송국을 찾아 세계에 흩어진 한국 여성들, 특히 한국의 부녀자들에게 광파 방송을 했던 사실, 사무로 지쳐 저녁 무렵 '파

김치'가 되어 귀가하던 모습 등이 적혀 있다. 그러나 이 시기 최선화의 삶에는 불행이 드리우기 시작한다. 그녀의 의지와는 달리, 부실한 산후 조리에서 시작된 병으로 인해 여러 차례 병원에 입원하고 수술을 받는 상황이 반복된다. 더위와 추위에 그대로 노출되는 집, 수시로 울리는 공습경보에 대한 불안, 출산한 지 한 달이 못 되어 신생아를 안고 음습한 방공호에 머물러야 하는 환경 등이 건강에 무리를 주었던 탓이다.

최선을 다해서 노력하는 모습 속에서도 그녀의 일기에는 종종 끝이 보이지 않는 방랑 생활에 지쳐가는 흔적이 역력하다. 어느 날 저녁, 그녀는 문득 자신이 머무는 공간이 낯설어지는 순간을 맞는다. 새삼 자신의 삶을 돌아보며 그녀는 남편과의 첫 만남부터 결혼, 중국행 등을 차례로 떠올린다. '지금' 이 순간에 이르기까지 그녀의 삶을 채웠던 주요 장면들이 이미지가 되어 흘러간다.

그리고 전쟁이 일어나고, 아이들이 태어나고, 아이의 기저귀를 들고 공습을 피해 들에 누워있던 일들.

내가 꿈꾸었던 삶이라는 것이 순식간에 만들어졌다 지워지고, 다시 만들어지고 있었다. 그리고 이제는 이 힘든 타향살이를 끝내고 고국에 돌아가고 싶다는 것, 그 생각 하나가 지금 내가 꿈꾸는 삶이 되어 버린 것이다.

한때는 삶을 꿰뚫는 그 무엇이 있다고 믿었었다. 하지만 그건 현실이 만들어 내는 소망의 흐름일 뿐이다. 그 소망을 만들어내는 것은 나였다.(1942.4.9)

최선화는 삶이란 자기 선택의 결과라는 사실을 새삼 깨닫게 된다. "한때는 삶을 꿰뚫는 그 무엇"이 있다고, 마치 운명 같은 미지의 힘이 있다고 믿었지만, 그러나 그것은 결국 '나'의 선택과 의지에 의해 만들어진 소망의 흐름이었다고 고백해 놓았다. 운명적 사랑을 믿고 국경을 넘었던 젊은 시절의 최선화를 대신해서, 전쟁기의 중국 대륙과 망명 생활 속에서 단련된 최선화는 자기 삶의 모습은 자신의 소망에 의해 만들어진다고 담담하게 말하고 있는 것이다. 자신의 선택에 책임을 져야 하는 삶에 쫓기듯 살아온 자의 현명함을, 그러나 그 시간이 남긴 피로감을 짐작할 수 있게 하는 발언이다.

평범한 일상과 희망의 기록

충칭을 일컬어 "우리 독립투사들의 냄새가 밴 이 하늘 밑"이라 말했던 장준하와 달리, 정정화는 충칭에 대한 첫 인상을 다음과 같이 서술하고 있다.

이방인의 눈에 비친 충칭은 아편의 도시였다. 시내 중심부의 큰 길가에 늘어서 있는 가게에서 공공연하게 아편을 팔고 있으니 그런 느낌이 들지 않을 수 없었다. 열 집 건너 하나씩은 아편 가게였다. 중국에 아편 매매가 성행한다는 사실은 이미 익히 들어 왔고 어렴풋하게나마 눈치를 채고 있긴 했지만 그렇게까지 일상화되고 도시 전체에 퍼져 있으리라곤 상상도 못했었다. 또한 충칭은 강의 도시라 일컬을 만하다. 물론 대부분의 큰 도시가 으레 강을 끼고 세워지게 마련이지만, 내가 본 충칭은 양자강이라는 거대한 물줄기의 영향을 유독 많이 받는 것처럼 보였다.(『장강일기』)

충칭에 첫 발을 디딘 임시정부 일행에 섞여 있던 정정화에게 충칭은 '아편의 도시', '물의 도시' 그리고 어마어마하게 많은 방공호로 이채로운 풍경을 연출하는 도시였다. 충칭은 오랜 이국 방랑의 생활에서 늘 그러했듯이 낯선 땅이었고, 얼마나 오래 머물지 기약할 수 없는 임시 거주지였다. 이 '아편'과 '물'의 도시는 장준하에게 이르러 '독립투사의 냄새가 밴 하늘 밑'으로 변모한다. 이런 변모가 가능했던 것은 그에 앞서 충칭에 발을 디디고 살아간 한국 사람들, 오랜 시간 임시정부를 지키고 유지하기 위해 젊음을 소진하며 노고를 아끼지 않은 사람들이 있었기 때문이다. 대규모 공습에 시달리는 환경 속에서도 공동체의 일상을 만들고 그 일상을 지키고 버텨낸 사람들이 있었기에 충칭은 '독립투사의 냄새가 배어있는 땅'이 될 수 있었던 것이다.

기계적으로 흐르는 시간은 많은 것을 바꾸어 놓는다. 충칭에서 드디어 임시정부 요인들과 해후한 장준하의 탄식은 곧 이들이 버텨낸 시간에 대한 안타까움이자 경외를 담아내는 부분이다.

> 우리들과 같은 혈기왕성한 한때가 반드시 저 어른들에게도 있었겠지만, 조국을 잃고 해외로 망명해 나와, 어쩌면 저렇게 늙으셨는가.
> 이분들은 내일의 우리들 자신인지도 모른다. 아니, 이분들의 과거는 우리들의 현재와 같은 것이었는지도 모른다. (…중략…) 이분들이 왜 이같이 중국 각지를 유랑하면서 충칭 구석까지 쫓겨와 허구한 날을 이렇게 늙으며 지냈는가. 조국이란 이미지는, 과연 이렇게도 냉혹한 현실을 통해서만 실감될 수 있는 것인가. (『돌베개』)

너무도 당연한 일이지만, 임시정부의 이동경로를 나타내는 저 평면지도나 각각의 체류 시기를 나타내는 숫자는 단순한 기호가 아니다. 생존을 위해서, 그러나 생존 자체를 목적으로 삼지 않기 위해서 필사적으로 노력한 이들의 시간이 담겨 있다. 역사에 기록된 특별한 연도와 특별한 날짜들의 사이에는, 절망을 희망으로 바꾸면서 버텨낸 평범한 나날들이 놓여 있다. 정정화나 최선화의 기록을 통해 들여다보고자 했던 것은, 정사正史에서는 주목받지 못할 이 평범한 나날들이 갖는 역사적 의미였다.

평범한 일상의 역사라는 맥락에서 본다면, 백범부터 최선화 부부에 이르기까지 임시정부의 여러 인물들이 일지를 쓰고 있었다는 사실도 주목할 만한 현상이 된다. 정정화가 임시정부에서의 체험을 그토록 자세히 회고할 수 있었던 것도 남편 동농의 일지 기록을 참조했기 때문이었다. 이들의 글쓰기에는 시간 관리의 철저함이라든가 부지런한 태도를 이야기하는 것만으로는 포괄하지 못할 어떤 간절함이 있다. 코앞에 존재하는 죽음 앞에서 삶을 도모해야 하는 간절함이, 언제 끝날지 모르는 방랑의 길에서 자신이 머무는 자리를 매순간 확인하려고 하는 간절함이 배어 있는 것이다. 이 간절함이 일기를 써내려가는 동력이 된다.

자신에게 주어진 선택의 순간을 회피하지 않고 그 대가로 주어진 고난을 온몸으로 맞으며 써내려간 시간의 기록들, 그 일상은 비록 평범하지만 그 때문에 위대한 것이다.

참고자료

양우조·최선화, 『제시의 일기』, 우리나비, 2019.

장준하, 『돌베개』, 세계사, 2007.

정정화, 『장강일기』, 학민사, 1998.

정주아, 「혁명의 정념, 1945년 중경(重慶)과 연안(延安) 사이 – 항일무장대가 남긴 '걷기長征'의 기록들」, 『현대문학의 연구』62, 한국문학연구학회, 2017.

주요한, 『주요한 문집 – 새벽』II, 요한기념사업회, 1982.

＿＿＿, 『안도산 전서』, 흥사단출판부, 1999.

미군기지의 안과 밖
'집'의 수사를 통한 경계 만들기

이유정

미군기지의 안과 밖

『워싱턴 포스트』부편집장을 역임했던 라지브 찬드라세카란Rajiv
Chandrasekaran은 『에메랄드 시티의 제국 생활—이라크 그린 존 속으
로』(2006)에서 이라크 점령 당시 전쟁과 무관하게 호화로운 삶을
누렸던 미군들에 대한 삶을 전하며 기지 안과 밖의 서로 다른 두
현실을 묘사하고 있다.

이라크의 미국 본부 역할을 했던 미군기지, 소위 '그린 존'은
외벽으로 둘러싸여 이라크 외부와 동떨어진 채 존재한다. '그린
존'은 바그다드 시내에서 미군이 이라크에서 철수할 때까지 특
별 관리했던 안전구역을 의미하는데, 미국 정부, 정보기관, 군 수
뇌부가 밀집한 곳으로 이라크 전쟁을 치르는 동안 '위험이 없는

구역'으로서, 위험구역이라는 뜻의 '레드 존'에 대응하는 용어로 미군이 임의로 만든 명칭이다. 찬드라세카란은 이라크에서 미국의 성역이었던 그린 존을 '에메랄드 시티'로 표현한다. 이 책의 묘사에 따르면 '그린 존' 안에서의 삶은 외벽 너머에서 무너진 이라크를 회복시키는 임무를 수행하는 사람들과 위험에 노출된 사람들의 삶과는 극명한 대조를 이룬다. '그린 존'의 생활은 미군기지가 파라다이스가 아니라 진지하고 구체적인 목적을 위한 거점이라는 사실을 잊어버리게 만든다. 에메랄드 시티 내에서 군인과 관료들은 알코올, 도박 및 유흥에 빠져들며 모두 호화로운 차를 운전하고 다닌다. 한편, 그들이 지원해야 하는 이라크인들은 안보상의 이유로 위험한 존재로 간주되어 에메랄드 시티에 들어가는 것이 금지된다. 이 미군기지 안으로 출입이 허용된 소수의 이라크인들에 의해 기지 내 필요한 업무들이 수행되고 있을 뿐이다.

이처럼 미군기지 안과 밖을 나누는 삼엄한 경계와 높은 외벽은 한국에서도 크게 새로울 것이 없다. 물론 많은 변화가 이루어지고 있지만, 지난 반세기 넘게 한반도에 주둔해 오고 있는 주한 미군기지의 영향을 직간접적으로 경험하고 있는 한국인들에게는 서울 한복판 기지 주변으로 설치된 삭막한 외벽과 철조망, 혹은 한반도 곳곳의 도시와 마을 외곽에 만들어진 기지촌의 독특한 전경이 익숙한 풍경들일 것이다. 전쟁 상황이 아닌 정전 상태에서 형성된 한국의 미군기지 안과 밖의 경계에서 '레드 존'이라는 위험구역은 종종 기지촌 홍등가Red District를 지칭하기도 하였는데, 바로 이 안전구역과 위험구역과의 경계가 기지촌 여성을 상대로 하는 독특한 수사를 만들어냈다. 즉 미군들에게 안전지대라고 분류되는 거대한 콘크리트 혹은 철조망 안에 위치한 미군기지 내의 안전구역은 '집home'이라는 은유로 표현되며 기지촌 여성이 존재하는 위험구역과 구분되었다. 집이란 가족 구성원들이 편히 쉴 수 있고 외부의 위험으로부터 안전하게 가족들을 보호하기 위한 정서적, 물리적 공간으로서, 바로 '그린 존'과 유사한 방식으로 지칭이 된다. 미군기지 내부와 기지 밖 기지촌의 경계는 엄격하다. 한국에 거대한 요새처럼 존재하는 미군기지는 치외법권 지역으로 한국 법의 관할권에서 면제되며, 한국의 법률과 규칙을 따르지 않아도 되는 미국 땅이다. 이 미국 땅은 안보상의 이유로 현지인들의 출입이 엄격하게 통제되는 공간이며, 현지인들의 삶과 동떨어진 채 미군들의 '집'으로서 현지의 위험으로부터 안전하게 보호받을 수 있는 공간이다.

이 글은 한국의 국경 내에 존재하는 또 다른 국경인 미군기지에 관한 이야기이며, 미군의 '집' 이야기이다. 한국전쟁 이후 1950~1960년대 미군기지에 출입하는 것은 또 다른 국경을 통과하는 것과 같아서, 엄격하고 삼엄한 출입의 통제가 이루어졌다. 이 글은 이러한 미군부대의 출입 통제에서 면제되었던 사람들, 즉 이 기지를 당당하게 합법적인 고용인으로 통과할 수 있었던 미군클럽 내에 고용된 한국 대중예술인들의 기억을 통해 국경 안의 또 다른 국경의 모습을 묘사한다. 한국전쟁 이후 미군기지가 한국에 급증하던 시기에 기지 내부에는 휴식 및 유흥 시설 중의 하나인 미군 클럽(장교 클럽, 하사관 클럽, 사병 클럽)이 만들어졌다. 역사적으로 미군기지는 민주주의의 건설이라는 '명백한 운명', 즉 미국 민주주의를 다른 국가로 이식하고자 하는 의지 혹은 오만으로 현지의 관심사와 상관없이 좁고 편협한 시각으로 운영되었다. 이 글은 미국의 한국 주둔 과정에서 나타나는 한국에 대한 도덕적 권리와 침해를 단순히 비판하기보다, 미군기지 안과 밖이라는 한국사회에 남겨진 경계의 영역, 그 범위와 흔적들을 다시 한번 되짚어보고자 한다.

미군부대 클럽의 운영과 '집Home'의 경계

① 미군부대 클럽

한국전쟁 이후, 남한에 주둔하는 미군의 규모가 증가하면서, 1950년대와 1960년대에 주한미군에서 운영하는 기지 내 클럽의 운영도 비즈니스의 형식으로 확장하기 시작했다. 예를 들어, 미국 군사전문 일간지인 『성조지Pacific Stars and Stripes』는 1961년 한 기사에서 서울 지역 미군 사령부 하사관 클럽NGO Clubs의 관리자였던 미군 중사 리차드 영맨Richard Youngman을 소개하고 있다. 기사에 따르면, 1950년대 중반 이후 한국에 주둔하고 있는 미군들에게 음식과 엔터테인먼트를 제공하기 위해 그가 기지 내 운영 중인 클럽의 수입 규모가 연간 200만 달러에 이르고 있다고 전한다.

물론 모든 기지 내 클럽이 이익을 창출했던 것은 아니었다. 일부 작은 단위로 운영되는 클럽의 경우는 적자를 내는 경우도 있었지만, 영맨이 운영하는 미군 클럽의 경우엔 당시 한국뿐만 아니라 다른 나라 소재의 미군부대 내 클럽을 통틀어 하사관 및 사병 클럽 중 최대 규모였다고 한다. 영맨은 식당과 오락시설의 전문 운영인이자 사업가로서, 한반도 남쪽의 군산 공군 기지에서부터 북쪽의 비무장지대 안에 이르는 클럽까지 한국 전역에 흩어져 있는 미군부대 곳곳에서 27개에 이르는 미군 클럽을 운영 및 감독하고 있었다. 그리고 그러한 미군기지 내 클럽의 운영으로 1961년에만 225만 달러 이상의 수입을 거두었다.

이처럼 한국전쟁 이후 주한미군의 인구가 증가함에 따라 미군의 예산 상당 부분이 군인을 위한 서비스 클럽을 구축하고 복지 및 레크리에이션 프로그램을 제공하는데 들어갔다. 이러한 엔터테인먼트 프로그램은 미군에게 유흥거리를 제공하고 점령 지역에 주둔하고 있는 군인의 사기를 유지하기 위한 투자의 일환으로 이루어졌다. 1950년대 중반 이후 본격화되었던 서비스 클럽의 운영은 10년도 채 되지 않아 그 수가 급격히 증가했으며 1950

년대 말에는 남한 전역의 미군기지 내에 260여 개가 넘는 클럽이 존재하게 된다. 기지의 규모에 따라서 미군부대 내에는 수십 개에 이르는 미군 클럽이 있기도 했으며, 적어도 최소 한 개의 장교 클럽, 하사관 클럽, 사병 클럽, 혹은 서비스 클럽이 있었다. 인기가 많았던 미군부대 클럽으로는 서울 용산기지의 캐슬 클럽Castle Club, 대구기지Camp Henry의 리베라 클럽Rivera Club을 들 수 있는데, 서비스 클럽Service Clubs의 경우는 미군부대의 모든 클럽의 형태를 통칭하는 의미로도 쓰이기도 했으며, 미군뿐만 아니라 그 가족들에게도 개방된 클럽을 의미하기도 했는데, 한국 대중문화예술인들 사이에서는 '문화센터'로 기억되는 공간이었다.

이러한 미군 클럽은 때로 USO 클럽과도 혼용되어 사용되기도 하는데, 부대 내 클럽에서 다양한 USO의 활동이 연계되어 이루어진 것으로 보인다. USO United Services Organization는 프랭클린 루즈벨트 미국 대통령의 요청에 따라 미군에게 사기 진작 및 레크리에이션 서비스를 제공하기 위한 목적으로 설립되었는데, 구세군, 청년기독교협의회, 전국 가톨릭 공동체 등 여러 민간단체들이 미군의 복지를 위해 연합하여 조직한 비영리단체였다. 예술계 및 엔터테인먼트 산업에 종사자들이 조직한 위문공연단체 캠프쇼 Camp Shows. Inc.와 USO가 연합하면서 USO-Camp Shows. Inc.가 만들어졌고, 제2차 세계대전 기간 중에 전 세계적으로 광범위하게 위문공연을 펼쳤다. USO 활동의 모토는 타지에서 복무하는 군

인들에게 '제2의 집Home Away from Home'과 같은 공간을 제공하는 것
으로, '건전한wholesome' 춤과 사교행사, 영화 및 음악, 집과 같은 편
안한 서비스를 제공하기 위한 목적으로 USO 클럽이 세계 곳곳
의 미군부대 내에 설립된다. 이러한 USO 클럽은 군인들의 매춘
과 주류에 대한 의존도를 줄이기 위한 노력의 일환으로 다양한
사교 행사들을 마련하였다.

이와 마찬가지로, 주한미군 클럽도 '건설적인' 오락을 통해
군 외부의 '좋은' 여성들을 만날 수 있는 공간을 제공하도록 설
계되었다. 이처럼 서비스 클럽을 관리하고 있던 클럽 관계자들
의 주요 역할 중 하나는 좋은 음식과 최고의 엔터테인먼트를 제
공하여 미군들에게 '편안하고 집과 같은' 분위기를 조성하는 것
이었다. 클럽 운영은 큰 사업이었지만, 클럽은 엄밀히 따지면 이
익을 추구하는 시설이 아니었기 때문에 클럽 운영인과 관리인에
게는 큰 이익이 되는 것은 아니었다. 클럽 운영인으로 임명된 미
군과 여성 직원은 대부분 군대의 서비스 클럽이나 엔터테인먼트
산업에서 어떠한 형식으로든 경험을 가진 사람들이었다. 앞서
언급한 영맨과 그와 함께 클럽 운영을 도왔던 존 핏츠패트릭John
Fitzpatrick은 30년 동안 엔터테인먼트 업계에서 근무한 경험이 있었
던 사람들이었다.

미군 클럽의 운영에서 발생하는 많은 수익은 새로운 장비와
시설 또는 기존 장비의 보수에 투자되었기 때문에 1950년대 말

에 주한미군부대 내 클럽의 전반적인 시설이 크게 향상되었다. 카멜롯홀Camelot Hall 서비스 클럽에서 종사했던 마가렛 리치Margaret Leach는 그녀가 관리했던 클럽이 1951년 당시에는 유일했었는데, 그때와 비교했을 때 1959년의 한국 미군 클럽의 상황은 놀랍게 향상되었다고 전한다. 1959년까지 대부분의 미군 클럽에는 전용 식당, 칵테일 라운지, 댄스 홀, TV룸 및 적절한 비품이 비치된 간이가구가 마련되어 있었다. 혹은 미군 클럽들 중에서 가장 큰 규모의 하나였던 서울의 프론티어 클럽Frontier Club처럼, 미국 전략 공군사령부Strategic Air Command 하사관 클럽 단지의 어느 클럽은 화려하고 고급스러운 오리엔탈 룸을 갖추고 있기도 하였고, 이러한 클럽에서는 '이국적인' 식사가 제공되었다고 한다.

② 미군부대와 '집'의 경계

대구의 미군기지 캠프 헨리에 존재했던 리베라 클럽의 운영자인 드레타 화이트먼Dreta B. Whiteman은 미군 클럽의 전반적인 목표가 "흥미롭고 편안하며 건설적인 오락"을 제공하는 것에 있다고 설명한다. 1963년 『성조지』에 실린 리베라 클럽 운영 10주년을 기념하는 행사 사진을 보면, 적지 않은 미국 여성이 물품 공급부터 클럽 프로그램의 운영, 혹은 클럽의 관리자에 이르기까지의 미군 클럽 운영에 참여하고 있었던 것을 알 수 있다. 이러한 여성의 역할을 살펴보면, 미군부대 클럽의 운영 철학의 한 단면을 볼 수 있다.

예를 들면, USO 클럽의 선임 여성들이 강조했던 '집과 같은' 장소를 만들기 위한 클럽 운영의 수사는 주한미군의 클럽 운영에서도 반복되고 있다. 예를 들면, USO 클럽 직원들은 서비스 철학을 중요시했는데, 음식과 어머니의 애정을 통해 집과 같은 분위기를 제공할 뿐만 아니라 이들의 또 다른 역할은 군인들을 위한 댄스 파트너로 후배 여성들을 초청하는 것이었다. 이들은 남성적인 군사 공간을 '여성스러운' 가정의 공간으로 변환시키며, 가정의 편의 시설, 요리 및 오락 시설을 제공하였다. 또한 '건전한' 여성들과의 만남을 주도하고 군인들이 편히 쉴 수 있는 가정과 같은 클럽의 운영을 목표로 하였다. 즉, 소위 현지 군인들의 매춘과 술에 대한 의존도를 줄이기 위해 건전한 분위기에서 건설적인 활동을 장려하면서 이를 달성하는 것이 목표였다.

마찬가지로, 주한미군 클럽의 경우도 '집과 같은'이라는 수사와 구호를 운영 철학으로 내세웠는데, 특히 댄스 프로그램은 이러한 건전한 여흥 프로그램의 일환으로 주한미군 클럽의 주요한 부분을 차지하고 있었다. 댄스 프로그램을 위하여, 미군 클럽은 현지 한국 민간인으로 구성된 뮤지션을 고용하여 미국식 라이브 쇼를 제공하였고, 또한 여러 한국 무용인과 예술인들로 구성된 패키지 쇼단을 고용하여 군인들이 춤을 추고 여흥을 즐길 수 있는 배경 음악과 공연을 제공하고 있었다. 주한미군 클럽의 전 밴드 멤버였던 한 트럼펫 연주자에 따르면, 한국인 쇼 또는 댄스 밴

드들은 음악을 연주했고, 미국 군인들과 그들의 여자 친구들은 댄스 플로어에서 춤을 추었는데, "댄스가 서비스 클럽의 주요 목적이었고, 그 때문에 사실상 한국 공연이나 한국 밴드들이 필요했던 것"이라고 회상한다.

미군 클럽은 댄스 프로그램의 운영을 통해서 미국 남성이 소위 '건전하고 정숙한' 한국 혹은 미국 여성과 사교할 수 있는 장소를 제공하는 것을 목표로 했다. 『성조지』의 여러 기사에 따르면 미군 클럽에서는 월간 댄스, 할로윈 및 크리스마스 댄스, 벨리댄스와 같은 프로그램을 통해 여성들을 초청하였다. 예를 들어 캠프카이저Camp Kaiser 서비스 클럽의 운영자인 패트 헤젤Pat Hazel과 클럽 프로그램 관리자인 테리 도델Terry Dowdell은 육군, USO 및 적십자사American Red Cross가 고용한 미국 여성들을 1958년 클럽의 10주년을 축하하기 위한 행사에 초대하였다. 마찬가지로, 서울 용산 군부대에서 가장 인기 있는 클럽 중 하나였던 모이어 서비스 클럽Moyer Club은 할로윈 댄스를 후원하고 클럽 안에 댄스 수업을 통해 한국의 대학생들을 댄스 파트너로 초청했다고 한다.

그러나 미 육군, USO 또는 적십자사를 통해 고용된 미국 여성 혹은 한국의 대학생을 초청하는 관습은 미군들에게 '존중받는' 여성들과의 사교 장소를 제공하는 방식으로 계속되었다. 이는 미군부대 클럽의 관리자들이 '집과 같은' 건전한 공간으로 클럽을 운영하고자 했던 의지를 보여준다. 그러나 이러한 미군클럽의 관행은 실제 상황과는 상충되는 부분이 있었다. 왜냐하면 실제로 미군들의 댄스 파트너로 초청되는 여성들은 소위 기지촌의 성노동자로 종사하던 여성들이 대부분이었기 때문이다. 위에서 증언했던 한국인 밴드 멤버의 증언에 따르면, 한국과 미국의 엘리트 및 중산층 출신의 여성들과의 댄스 활동은 '특별한 날'과 축하 행사로 제한되었기 때문에, 미군부대 클럽에 초대된 대부분의 한국 댄스 파트너는 소위 양공주라고 불리던 기지촌 여성이었다고 한다.

미군부대 서비스 클럽의 댄스 파트너는 주로 소위 양공주들이었어요. 미군들은 여자 친구나 애인을 클럽에 초대했죠. 미군부대 게이트 입구에서 서명하고 방문자로 (이 여성들을) 미군 시설 안으로 데리고 들어왔어요. 물론, 모든 댄스 파트너들이 그랬다고(기지촌 여성이었다고) 말할 수는 없지요. 당시 미국 장교들과 데이트한 몇몇 상위층 여성들도 있었으니까요.

위의 증언은 미군이 '안전구역' 혹은 '집'이라는 수사로 미군 기지의 안과 밖을 구분하는 정책의 역설적인 모습을 드러내고 있다. 기지 내에 존재하는 미군 클럽은 성역으로, '집과 같은 곳'에 초대될 수 있는 사람은 소위 사회적으로 '정숙하고 건전한' 중산층 혹은 엘리트층 여성들이며, 성노동자로 종사했던 기지촌 여성은 '집'에 초대될 수 없는 사람들로 간주된다. 아래 찰스 더프 대령과 맥스웰 디 테일러 장군 사이에서 교환된 서신은 바로 이러한 안전구역과 위험구역을 나누는 미군의 오랜 수사 방식을 다시 한 번 상기시킨다.

나는 모든 사령관이 자신의 부대 주변과 주변의 상황을 재검토하여 불건전하고 위험한 환경으로부터 우리 군인들을 보호하기 위한 최대한의 안전장치가 마련되기를 원합니다. 전쟁으로 황폐해진 한국의 환경에서 깨끗한 생활을 장려하는 활동은 필요합니다. 우리의 부대는 육군 지역의 다른 어떤 곳보다 군인들이 선호하는 군인의 '집'입니다. 그 집을 매력적으로 만들고 깨끗하게 유지하고 잘 운영하는 것이 사령관의 의무입니다. 사령관들은 특히 군사시설 내에서 군인들이 한국 여성들과 춤을 추는 관행에서 나타나는 중요한 문제에 주의를 기울여야 합니다. 우리는 군부대 내의 이러한 댄스 사교활동으로 때때로 의심스러운 성격의 한국 여성이 우리 군인들과 접촉할 수 있다는 사실을 염려하고 있습니다. 그러나 그것을 알고 있으면서도 대부분의 부대 지휘관은 미군들의 이러한 댄스활동을 자신의 부대의 사기 증진에 필요한 것으로 보고하고 있습니다. 따라서 우리 위원회는 엄격하게 감독한다는 전제하에 춤을 추는 활동을 지속해도 좋다는 결론을 내렸습니다. 나는 이 위원회의 권고를 승인했으며, 모든 사령관들이 부대 내에서 군인들의 댄스활동이 수행되는 조건을 면밀히 조사하기를 바랍니다. 첫째, 댄스활동이 정말로 바람직한 것인지 확인해야 합니다. 그렇지 않은 경우 각 부대의 내부적인 조치로 중지를 명해야 합니다. 필요하다면, 책임 있는 지휘관 하에 면밀히 감독될 수 있도록 해야 하며, 각 댄스 활동을 감독하기 위해 엄선된 책임자 또는 선임 하사관에게 명확한 책임이 주어져야 합니다. 이 책임은 부대 내에 들어오는 게스트를 선별하고, 이들을 운송하는 것, 이들의 신원을 확인하는 것으로 확대되어야 할 것입니다.

위의 서신에서 미군 장교는 '불건전하고 위험한' 외부 환경에 해를 입을 수 있는 미군부대 내부, 막사 내부와 주변의 상황에 대해 염려하면서, 군인과 군인들의 '집'인 미군기지를 '보호'해야 하는 군 사령관의 책임을 강조하고 있다. 기지촌 여성이나 매춘부와 같은 용어를 직접적으로 사용하고 있지 않지만 '위험한 영향'과 '환경적 위험'과 같은 표현을 사용하며 군과 '접촉contact'하게 된 "의심스러운 성격의 한국 여성"을 언급함으로써 이들의 미군기지 내 출입을 '비합법적'인 것이며 심지어 '위험한' 것으로 표현한다. 미군의 사기에 있어 댄스활동 자체는 필요하고 유용한 것이라는 결론에 승인하면서도, 미군의 "집을 매력적으로 만들고 깨끗하게 유지"하도록 촉구하고 있다.

다시 말하면, 군 장교와 클럽 관리자의 언어에서 알 수 있듯이

'가정'의 수사는 건전성이라는 이름으로 주한미군기지 내 클럽을 다른 기지촌 클럽과 구분된 다른 공간으로 합법화시키고 있는 것을 볼 수 있다. 미군부대 내의 클럽은 건전하고 합법적인 이름으로 설계되었으며 미군에 의해 공식적으로 운영되는 것으로, 부대 밖 기지촌의 한국의 클럽 주인들에 의해 운영되는 기지촌 클럽으로부터 미군들을 봉쇄하고자 하였다. 이렇게 기지 안과 밖, 기지 내 출입의 합법성의 여부를 나누는 잣대는 주한미군 클럽 운영의 이중성을 드러내고 그 모순을 합법화하려는 모습으로 나타난다.

③ 그린 존과 레드 존, 계급의 접경

1950~1960년대 미군부대 클럽에서 활동했던 이들의 증언에 따르면, 한국인들에게 소위 미8군 클럽이라고 알려진 미군 클럽들은 미군기지 내에 위치한 클럽들만을 의미하는 것이었고, 한국 클럽 소유주들이 기지 밖 기지촌에서 운영하는 소위 일반 클럽과는 구분되었다. 기지 내 클럽에서 연주를 하고 공연을 하는 이들은 선택된 이들로서 이들의 연주 실력이나 공연은 상위 수준으로 계급화 되었으며, 이들은 기지 내 합법적인 출입이 인정된 '몸'이었다. 당시 한국인 뮤지션이나 클럽 종사자들은 미군부대 클럽과 기지촌 클럽을 명확하게 구분하려는 경향이 있는데, 왜냐하면 이들의 활동 영역이 기지 안인지 밖인지의 여부는 여러

층위에서 한국의 종사자들에게 일종의 계급을 부여하는 기준이 되었기 때문이다. 즉 미군부대 클럽에서 연주하고 공연할 수 있는 자격이 부여되는 것은 치열한 경쟁인 오디션을 통과하는 이들에게 주어지는 특권이었다. 이 오디션에서 좋은 점수를 받지 못한 많은 대중예술인들은 또 다른 기회를 기다리면서 미군기지 주변의 기지촌 클럽에 모여들었다. 예를 들면 이태원, 삼각지 등 용산기지 주변에서 운영되었던 킹 클럽, 세븐 클럽, 럭키 클럽, 007 클럽, 그랜드 올레 아프리카 클럽 등이 그러한 일반 클럽의 예였다. 서울의 용산 미군기지 근처에서 미군부대 클럽의 소위 '업 스테이지'에서 공연하는 것을 목표로 하는 한국의 수많은 연예 종사자들에게 기지 밖 일반 클럽은 '백 스테이지'의 역할을 했던 것이다.

놀랄 것도 없이, 미군기지 내의 미군 클럽에 출입할 수 있었던 여성 대중예술인들에게는 '불법적이고 깨끗하지 못한' 기지촌 여성들과는 다르게 '합법적인' 여성으로서의 지위가 부여되었다. 미8군 쇼와 같은 미군부대 내의 한국인 공연은 건전한 무대 공연을 제공함으로써 미군들의 사기를 고양시키는 데 필요한 역할을 수행했다. 특히 미군 클럽에 고용된 한국 여성 가수와 무용수는 미군 당국으로부터 부대 내 출입의 정당성을 인정받은 합법적인 존재였다. 미8군 종사자의 한 증언에 따르면, 이들 "무대 밖에서는 미국 군인들과 거의 접촉할 기회가 없었던" 주한미군 클럽의 한국 여성 가수와 무용수들은 한국 동료들이나 미군들 사이에서 예술인으로 대접받았으며 미군 클럽에 초대된 소위 '댄스 파트너'와 다르게 여겨졌으며 이들에 대한 대우도 달랐다고 한다. 즉 미국 군인과의 상호 작용 또는 신체 접촉 혹은 교류의 여부가 당시 한국 여성에게는 이들의 '계급'을 결정하는 한 기준이 되었던 것이다.

이러한 미군과의 '접촉'은 많은 한국 여성들이 자신의 계급을 규정하는 하나의 중요한 기준이 되었다. 미군부대 내 여성 고용자들의 경우 외부에서 자신을 '위험한' 여성으로 보는 것에 일종의 트라우마를 간직하고 있는 것을 볼 수 있다. 예를 들면, 대부분의 미군 클럽에서 종사했던 한국 여성들은 거의 예외 없이 본인들이 합법적인 부대 내 클럽에서 '문화 노동자'로 활동했던 정체성을 강조하고 있는 것을 볼 수 있다. 이것은 한편으로는 이들 한국 여성 고용인들의 경우 댄스 파트너인 기지촌 '연인'과 구별되는 정체성을 스스로에게 혹은 남에게 확인시켜주는 작업이 중요했다는 것을 의미한다. 왜냐하면 그래야만 이들이 미군 관계자와 클럽에 종사하고 있는 한국인 모두로부터 저급하고 '위험한' 그리고 '의심스러운' 캐릭터로 취급받지 않을 수 있기 때문이다.

이 여성들이 자신들의 성적 정숙함에 대해 질문을 받지 않았음에도 굳이 먼저 언급을 하고 있는 것은 미군부대를 출입하는 직종의 특성상 본인들의 몸에 찍힌 낙인과 타인의 시선으로부터 자신을 미리 방어하고자 하는 습관에서 비롯되었다는 것을 시사한다. 미군 클럽에서 일했던 한 한국인 여성은 "우리 여성 가수와 댄서가 픽업 트럭 뒤에 앉아 있으면 우리를 보고 사람들이 양갈보라고 부르곤 했기 때문에, 흰 스카프로 얼굴을 가리고 다녔다"고 증언한다. 이것은 친척들과 친구들의 편견, 차별로 고통 받았던 기지촌 여성들과 다르지 않게, 미군부대 클럽에서 일한 한국 여성들도 소위 미군부대 종사자라는 낙인에서 결코 자유롭지 못했다는 것을 보여준다. 즉, 미군이 그들의 '가정'과 '집'을 깨끗하고 안전하게 유지하려고 하였더라도, 결국 합법적인 부대 내 클럽이라는 공간은 부대 밖 기지촌이라는 장소와 밀접하게 얽혀 있었으며, 성노동자와 문화노동자, 합법적인 가정과 불법적인 가정 밖 기지촌 사이의 경계는 때로는 강화되고 때로는 약화되면서 편의에 따라 그 경계가 모호하게 운영되고 있었다. 그 모호한 경계는 합법적인 몸으로 간주되었던 여성 연예인이 스스로 성노동자가 아니라는 자신의 정체성을 타인에게 확인시켜주는 것을 중요하게 만들었던 것이다.

외국 군대를 위한 직업에 종사했던 한국 여성들에게 입혀진 불명예의 굴레는 한국의 약소국이란 정치경제적 지위와 밀접한 관련을 맺고 있다. 인류학자이자 공연 예술가 그레이스 조Grace Cho는 일제 강점기 시절부터 전쟁의 고통, 미국의 군사화에 이르기까지 외국 군인들의 그림자에 가려진 한국 여성들의 외상의 역사를 이야기한다. 즉 한국 여성들을 가족, 세대 그리고 국가 영토를 넘어 지속적으로 외상을 간직한 채 살아가야 하는 끊임없는 순환구조 안에 놓는다. 한국의 가부장제는 외국 군인을 위해 종사하던 한국 여성을 가족, 지역사회, 국가에 대한 배신자, 불명예로운 자로 분리시켰다. 그레이스 조에 따르면, 전쟁에서 살아남은 사람들이 겪은 '정신적 영향'과 '외상적 감각'은 문화와 국가에 걸쳐 전 세대적이다. 마찬가지로, 미국 군인을 위해 공연한 한국 여성 연예인도 일본군 '위안부' 또는 기지촌 여성과 유사하게 외국 군인과 한국 여성 사이의 연결고리에 끊임없이 영향을 받으며 하나의 방어기제로서 자신의 구분된 정체성을 강조하게 되는 삶을 살아왔던 것이다.

몸에 새겨진 경계의 기억

미군기지의 역사는 점령 지역의 안전구역과 위험구역, 즉 그린 존과 레드 존으로 구획되는 역사이다. 그리고 그린 존의 경계는 전쟁 지역에서, 혹은 전투가 언제든지 벌어질 수 있는 군사 지역에서 미국인들을 위한 '집Home Away from Home'을 만들기 위해 항상 존재해 왔다. 이러한 미군기지가 주둔 지역에 형성하고 있는 물리적인 경계는 현지인들에게 심리적인 계급의 경계로까지 확장되며, 또한 이러한 계급의 문제는 인종race과 성gender이라는 카테고리와 밀접한 고리들을 만들며 새로운 경계들을 파생시켜 왔다. 전반적으로 한국사회에서도 미국의 군부대와 그 주변 기지촌의 경계를 나누는 기준, 즉 미국의 가정 안과 밖을 나누는 경계는, 바로 한국인 특히 여성의 사회적 지위를 구분하는 경계로서 작동했으며, 이들의 법적 또는 불법적 지위를 결정하는 기준이 되어 왔다. 제2차 세계대전 이후, 미국 교외 백인 가정의 주거 지역을 구획하는데 빈번하게 사용되었던 '청결함' 및 '안전함'과 같은 수사법과 매우 유사하게, 미군부대를 둘러싼 공간 또한 미군 기지 안과 밖을 구분하는 작업들은 지역 공간을 인종화하고 성별화시켜 왔다. 철조망, 울타리 또는 보안 벽을 따라 미국 사회는 끊임없이 합법과 불법, 시민권자와 불법체류자라는 신분의 경계를 강화시키고 있다. 그럼에도 미국 역사에서 이러한 경계 가르기는 공식적인 법적 입국뿐만 아니라 비공식적인 불법 입국을 통해 미국 내의 노동력을 확보하는 전략적 유연성을 허용 혹은 묵인해 왔다. 마찬가지로 한국의 미군기지 내에서도 편의에 따라 현지인의 노동력을 제공받으면서도, 합법과 불법의 경계가 그들의 몸에 오랫동안 기억되게 하는 방식으로 경계를 유지하고 있는 것이다.

필자의 관련 연구

"From GI Sweethearts to Lock and Lollers : The Kim Sisters' Performances in the Early
Cold War United States, 1959~67", *Journal of Asian American Studies*, John
Hopkins University Press, 2017.

"Theaters of War : Tracing the Strange Careers of Shina No Yoru in the Military Contact
Zones of the Pacific, 1937~1954", *Inter-Asia Cultural Studies*, Routledge
Taylor & Francis Group, 2018.

"Creating a "Home Away from Home" : Korean Women's Performances of the
Imaginary American Home at US Military Clubs in South Korea, 1955~64",
Journal of Korean Studies, Duke University Press, 2020.

참고자료

Chandrasekaran, Rajiv, *Imperial Life in the Emerald City : Inside Iraq's Green Zone*, New
York : Random House, Inc., 2007.

Cho, Grace, *Haunting the Korean Diaspora : Shame, Secrecy, and the Forgotten War*,
University of Minnesota, 2008.

차용구

중앙대 역사학과 교수. 중앙대·한국외대 〈접경인문학〉 연구단장. 서양 중세사 전공. 저서에『중세 유럽 여성의 발견―이브의 딸 성녀가 되다』(한길사, 2011),『가해와 피해의 구분을 넘어―독일·폴란드 역사 화해의 길』(공저, 동북아역사재단, 2008), 역서에『교황의 역사―베드로부터 베네딕토 16세까지』(길, 2013),『중세, 천년의 빛과 그림자―근대 유럽을 만든 중세의 모든 순간들』(현실문화, 2013) 등이 있다. 또한「독일과 폴란드의 역사대화―접경지역 역사서술을 중심으로」(『전북사학』 33, 전북사학회, 2008),「국경에서 접경으로―20세기 독일의 동부국경 연구」(『중앙사론』 47, 중앙대 중앙사학연구소, 2018) 등의 논문을 발표했다.

에드 풀포드 Ed Pulford

암스테르담 대학 박사후연구원. 인류학 전공. 한중러 접경지역과 북동아시아 원주민들에 주목하여 연구를 진행하고 있다. 저서에 *Mirrorlands : Russia, China, and Journeys in Between*(Hurst & Company, 2019), 논문에 "Wind from an empty cave? Rumor and ideology in postsocialist China and Russia"(*Asian Anthropology*, 2019), "The Nanai, Hezhe and mobilised loyalties along the Amur"(*History and Anthropology*, 2017) 등이 있다.

이춘복

중앙대 중앙사학연구소 교수. 중국사 전공. 전통시대 화이관 구분과 근대 민족주의의 연속성에 대한 연구를 진행해 왔으며, 최근에는 동아시아 접경공간의 변동성과 구조 연구를 진행하고 있다. 저서에 『戊戌時期康有爲議會思想研究』(人民出版社, 2010), 『동서양 역사 속의 다문화적 전개 양상』2(공저, 경진, 2015), 논문에 「전통 화이관과 근대 민족주의의 연속성 연구」(『중국근현대사연구』68, 중국근현대사학회, 2015), 「당대 접경공간으로 변주의 시대적 변동양상 연구」(『중앙사론』50, 중앙대 중앙사학연구소, 2019) 등이 있다.

정주아

강원대 국어국문학과 교수. 한국현대문학 전공. 근현대 지성사와 공간성을 연계시키는 공부에 관심이 많다. 저서에 『서북문학과 로컬리티-이상주의와 공동체의 언어』(소명출판, 2014), 논문에 「혁명의 정념, 1945년 중경과 연안 사이-항일무장대가 남긴 '걷기'의 기록들」(『현대문학의 연구』62, 한국문학연구학회, 2017), 「월남민 김은국의 경계 넘기와 '유랑민/세계시민'으로서의 글쓰기-냉전기 디아스포라 문학의 정치성」(『한국현대문학연구』59, 한국현대문학회, 2019) 등이 있다.

이유정

연세대 근대한국학연구소 인문한국플러스사업단 조교수. 미국문화학, 비교문화학 전공. 논저에 「태평양전쟁 전후 캠프 쇼의 계보와 미국의 동아시아 인식」(『한국문화연구』36, 이화여대 한국문화연구원, 2019), 「러일전쟁과 미국의 한국인식-잭 런던의 종군 보도를 중심으로」(『미국학논집』51, 한국아메리카학회, 2019), "Theaters of war : Tracing the strange careers of Shina No Yoru in the military contact zones of the Pacific, 1937~1954"(*Inter-Asia Cultural Studies*, 2018), "From GI Sweethearts to Lock and Lollers : The Kim Sisters' Performances in the Early Cold War United States, 1959~67"(*Journal of Asian American Studies*, 2017) 등이 있다.

최근 글로벌화의 진전에 따라 상이한 문화와 가치들이 국경은 물론 일체의 경계를 넘어 무한 이동하고 있다. 이러한 분위기속에서 활발히 진행되고 있는 국경연구Border Studies에서 국경의 의미는 단순히 중심에 대한 대립항 내지 근대 국민국가 시대 '주권의 날카로운 모서리'로 이해되는 경향이 강했고, 사회적 상징물의 창안에 힘입은 집단기억은 국경의 신성성神聖性과 불변성을 국민의 마음속에 각인시켰다.

이처럼 지금까지의 국경 관련 연구는 침략과 저항, 문명과 야만, 가해자와 피해자라는 해묵은 담론을 반복적으로 재생산했는데, 이런 고정된 해석의 저변에는 '우리'와 '타자'의 경계에 장벽을 구축해 온 근대 민족주의의 이데올로기가 깔려 있다. 민족주의의 렌즈로 바라보는 국경은 곧 반목의 경계선이요, 대립의 골짜기였다.

그러나 이러한 해석은 단순히 낡았을 뿐 아니라 역사적 사실을 외면한 일종의 오류에 가깝다. 분단과 상호배제의 정치적 국경선은 근대 이후의 특수한 시·공간에서 국한될 뿐이며 민족주의가 지배한 기존의 국경연구는 근대에 매몰된 착시에 불과하다. 역사를 광각으로 조망할 때 드러나는 국경의 실체는 다양한 문화와 가치가 공존하는 역동적 장소이자 화해와 공존의 빛깔이 짙은 공간이기 때문이다.

HK⁺ 〈접경인문학〉 연구단은 이러한 연구의 한계를 넘어 담론의 질적 전환을 이루기 위해 국경을 '각양각색의 문화와 가치가 조우하고 충돌하지만 동시에 교류하여 서로 융합하고 공존하는 장場', 즉 '접경Contact Zones'으로 재정의하고자 한다. 본 연구가 제시하는 접경공간은 국경이나 변경 같은 '외적 접경'은 물론이요, 한 사회 내에 존재하는 다양한 정체성 — 인종/종족, 종교, 언어, 생활양식 — 간의 교차 지대인 '내적 접경'을 동시에 아우른다.

그리고, 바로 이러한 다중의 접경 속에서 통시적으로 구현되는 개인 및 집단의 존재방식을 분석하고 개념화하는 작업을 본 연구단은 '접경인문학'으로 정의했다. 접경인문학은 이상의 관점을 바탕으로 국경을 단순히 두 중심 사이의 변두리나 이질적 가치가 요동하는 장소가 아닌 화해와 공존의 접경공간으로 '재' 자리매김하는 한편 현대사회의 다양한 갈등을 해결할 인문학적 근거와 모델을 제공하고자 한다. 나아가, 이런 인식을 바탕으로 다양한 정치세력과 가치가 경쟁하고 공명하는 동아시아와 유럽의 접경공간을 '화해와 공존'의 관점에서 비교분석하고자 한다.

〈접경인문학〉 연구단은 시간적으로는 전근대와 근대를 모두 담아내며, 접경공간에 덧입혀졌던 허위와 오해의 그을음을 제거하고 그 나신裸身을 조명할 것이다. 이와 같은 종적 · 횡적인 학제 간 융합연구를 통해 접경공간에 녹아 있는 일상화된 접경의 구조와 양상을 살피면서 독자적인 이론과 방법론을 제시하고자 한다.

연구 아젠다의 방향을 '국경에서 접경으로'로 설정한 연구단은 연구총서 및 번역총서, 자료집 등의 출간을 통해서 축적된 연구 성과를 국내외에 확산시키고 사회에 환원할 것이다. 본 연구서의 발간이 학술 연구기관으로서 지금까지의 연구 활동을 결산하고 그 위상을 정립하는 자리가 되었으면 한다.

2019년 8월

중앙대 · 한국외대 HK⁺ 〈접경인문학〉 연구단장

차용구